2015

中国妇女儿童状况统计资料

国家统计局社会科技和文化产业统计司 编

图书在版编目（CIP）数据

中国妇女儿童状况统计资料．2015 / 国家统计局社会科技和文化产业统计司编．-- 北京 ：中国统计出版社，2015.12

ISBN 978-7-5037-7710-3

Ⅰ．①中… Ⅱ．①国… Ⅲ．①妇女工作－统计资料－中国－2015 ②少年儿童－工作－统计资料－中国－2015 Ⅳ．①D442.6 ②D432.5

中国版本图书馆 CIP 数据核字（2015）第 284338 号

中国妇女儿童状况统计资料 -2015

作　　者 / 国家统计局社会科技和文化产业统计司
责任编辑 / 徐　涛
装帧设计 / 黄　晨　李雪燕
出版发行 / 中国统计出版社
通信地址 / 北京市丰台区西三环南路甲 6 号　邮政编码 /100073
电　　话 / 邮购（010）63376909　书店（010）68783171
网　　址 / http://csp.stats.gov.cn
印　　刷 / 北京画中画印刷有限公司
经　　销 / 新华书店
开　　本 / 880mm×1230mm　1/32
字　　数 / 168 千字
印　　张 / 5.25
版　　别 / 2015 年 12 月第 1 版
版　　次 / 2015 年 12 月第 1 次印刷
定　　价 / 80.00 元

《中国妇女儿童状况统计资料-2015》编委会和编辑部

编委会

编辑部

联合国人口基金

本书的出版得到了联合国人口基金和联合国儿童基金会驻华代表处的大力支持，在此鸣谢。

说　明

一、《中国妇女儿童状况统计资料-2015》是一本公开出版的全面反映中国妇女儿童发展现状的综合性统计资料年刊，书中系统收集了2014年中国妇女儿童事业发展情况的相关统计数据以及2010年以来主要年份的历史资料。

二、本书内容共分十一个部分，包括经济与人口、卫生保健、教育、就业与社会保障、社会服务、社会参与、科技、体育、法律保护、社会和生活环境以及分地区统计资料。书后附有主要统计指标解释。

三、本书资料主要来源于各相关部门的统计年报和统计年鉴、国家统计局相关统计资料、各地区妇女儿童状况综合统计年报，以及相关的专项调查统计资料。

四、书中的部分数据因四舍五入，分项可能不等于合计；“#” 表示其中主要项；“空格”表示数据不详或没有数据；“...” 表示数据不足该表最小单位。

五、书中涉及的各项统计数据除森林资源外均未包括香港、澳门特别行政区和台湾省数据。

六、本书的出版得到了国务院妇女儿童工作委员会办公室、教育部、公安部、民政部、司法部、人力资源和社会保障部、水利部、文化部、国家卫生和计划生育委员会、国家新闻出版广电总局、国家体育总局、国家林业局、最高人民法院、最高人民检察院、中华全国总工会、中华全国妇女联合会、中国科学技术协会、中国残疾人联合会以及统战部等相关部门的大力支持，在此一并表示感谢！

数字可以给言辞以相当大的力量
——改变政策进而改变世界的力量

——摘自联合国《1970-1990年世界妇女状况》

目 录

一、经济与人口

二、卫生保健

三、教育

四、就业与社会保障

六、社会参与

七、科技

八、体育

九、法律保护

十、社会和生活环境

一、经济与人口

表 1.1 国内生产总值及指数

年 份	国内生产总值		人均国内生产总值	
	绝对数（亿元）	指数（上年 =100）	绝对数（元）	指数（上年 =100）
2010	408903.0	110.6	30567	110.1
2011	484123.5	109.5	36018	109.0
2012	534123.0	107.7	39544	107.2
2013	588018.8	107.7	43320	107.2
2014	636138.7	107.3	46629	106.7

资料来源：《2015 中国统计年鉴》。

注 1. 绝对数按当年价格计算，指数按不变价格计算。

2.2013 年及以前年度的 GDP 数据在第三次经济普查后作了系统修订。

3.2014 年为初步核实数。

表 1.2 居民生活

年 份	城镇居民人均可支配收入（元）	农村居民人均纯收入（元）	居民消费价格指数（上年 =100）
2010	19109.4	5919.0	103.3
2011	21809.8	6977.3	105.4
2012	24564.7	7916.6	102.6
2013	26955.1	8895.9	102.6
2014	29381.0	9892.0	102.0

资料来源：《2015 中国统计年鉴》。

表 1.3 城乡居民人均消费支出及恩格尔系数

单位：元，%

年份	城镇居民		农村居民	
	人均现金消费支出	恩格尔系数	人均消费支出	恩格尔系数
2010	13472	35.7	4382	41.1
2011	15161	36.3	5221	40.4
2012	16674	36.2	5908	39.3
2013	18023	35.0	6626	37.7

资料来源：《2014 中国统计年鉴》。

图 1.1 农村居民贫困状况（按 2010 年标准）

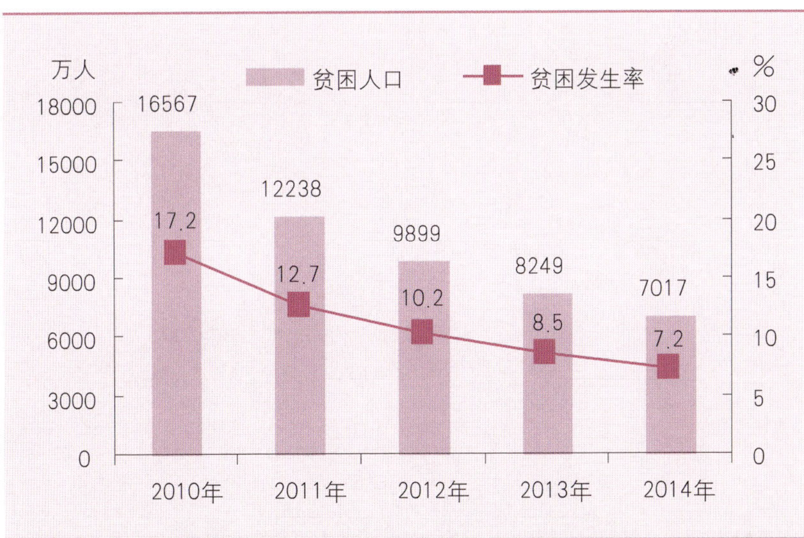

资料来源：《2015 中国统计年鉴》。

表 1.4 国家财政收支总额

单位：亿元

年 份	财政收入	中央	地方	财政支出	中央	地方
2010	83101.5	42488.5	40613.0	89874.1	15989.7	73884.4
2011	103874.4	51327.3	52547.1	109247.8	16514.1	92733.7
2012	117253.5	56175.2	61078.3	125953.0	18764.6	107188.3
2013	129209.7	60198.5	69011.2	140212.1	20471.8	119740.3
2014	140370.0	64493.5	75876.6	151785.6	22570.1	129215.5

资料来源：《2015 中国统计年鉴》。

注：1. 财政收入中不包括国内外债务收入。

2. 财政支出中包括国内外债务付息支出。

图 1.2 国家财政收支增长速度

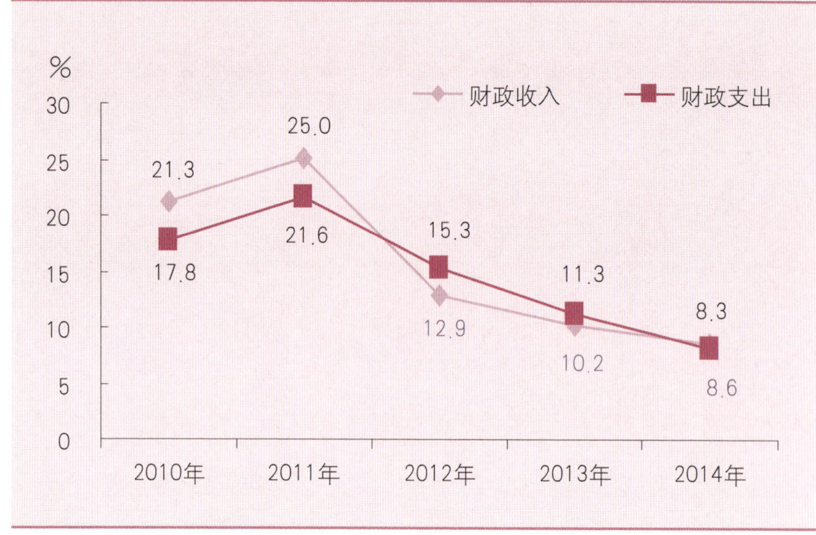

资料来源：《2015 中国统计年鉴》。

表 1.5 2014 年全国公共财政收入决算表

项　目	预算数（亿元）	决算数（亿元）	决算数为预算数的%	决算数为上年决算数的%
全国公共财政收入	**139530**	**140370**	**100.6**	**108.6**
税收收入	120155	119175.31	99.2	107.8
国内增值税	31280	30855.36	98.6	107.1
国内消费税	8870	8907.12	100.4	108.2
进口货物增值税、消费税	14935	14425.30	96.6	103.0
出口货物退增值税、消费税	−11333	−11356.46	100.2	108.0
营业税	18714	17781.73	95.0	103.2
企业所得税	24230	24642.19	101.7	109.9
个人所得税	7150	7376.61	103.2	112.9
资源税	1208	1083.82	89.7	107.8
城市维护建设税	3689	3644.64	98.8	106.6
房产税	1860	1851.64	99.6	117.1
印花税	1380	1540.00	111.6	123.8
城镇土地使用税	1950	1992.62	102.2	115.9
土地增值税	3650	3914.68	107.3	118.8
车船税	560	541.06	96.6	114.2
船舶吨税	47	45.23	96.2	103.9
车辆购置税	2850	2885.11	101.2	111.1
关税	2805	2843.41	101.4	108.1
耕地占用税	1900	2059.05	108.4	113.9
契税	4230	4000.70	94.6	104.1
烟叶税	180	141.05	78.4	93.9
其他税收		0.45		61.6
非税收入	19375	21194.72	109.4	113.5
专项收入	3725	3711.35	99.6	105.2
行政事业性收费	4675	5206.00	111.4	109.0
罚没收入	1695	1721.82	101.6	103.8
国有资本经营收入	2610	3176.33	121.7	141.0
国有资源（资产）有偿使用收入	3810	4366.77	114.6	120.6
其他收入	2860	3012.45	105.3	106.0

资料来源：财政部《2014 年全国一般公共预算收入决算表》。

表 1.6 2014 年全国公共财政支出决算表

项目	预算数（亿元）	决算数（亿元）	决算数为预算数的%	决算数为上年决算数的%
全国公共财政支出	**153037.0**	**151785.6**	**99.2**	**108.3**
一般公共服务	13485.9	13267.5	98.4	103.3
外交	378.3	361.5	95.6	101.7
国防	8307.3	8289.5	99.8	111.9
公共安全	8168.3	8357.2	102.3	107.3
教育	24030.9	23041.7	95.9	104.7
科学技术	5529.2	5314.5	96.1	104.6
文化体育与传媒	2753.4	2691.5	97.8	105.8
社会保障和就业	15894.0	15968.9	100.5	110.2
医疗卫生与计划生育	10071.1	10176.8	101.0	110.8
节能环保	3895.0	3815.6	98.0	104.3
城乡社区	11992.7	12959.5	108.1	116.0
农林水	14404.0	14173.8	98.4	106.2
交通运输	9873.1	10400.4	105.3	111.2
资源勘探信息等	4861.8	4997.0	102.8	106.8
商业服务业等	1461.5	1344.0	92.0	98.7
金融	420.8	502.2	119.3	133.2
援助其他地区	162.7	216.5	133.1	136.6
国土海洋气象等	1970.6	2083.0	105.7	109.3
住房保障	5071.3	5043.7	99.5	112.6
粮油物资储备	1792.1	1939.3	108.2	117.6
政府债务付息	3487.9	3586.7	102.8	117.4
其他	3575.1	3254.5	91.0	98.4
预备费	1450.0			

资料来源：财政部《2014 年全国一般公共预算支出决算表》。

图 1.3 教育经费总投入

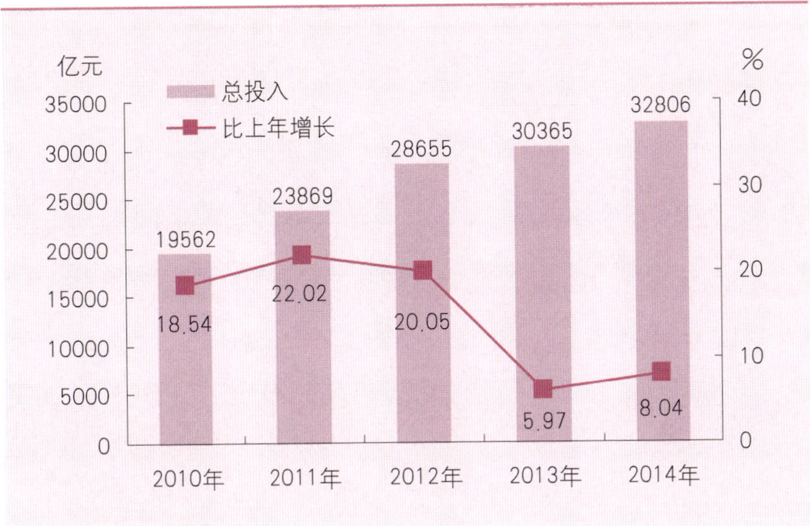

资料来源：全国教育经费执行情况统计公告。

注：2012 年教育经费有修订。

图 1.4 国家财政性教育经费及占 GDP 比重

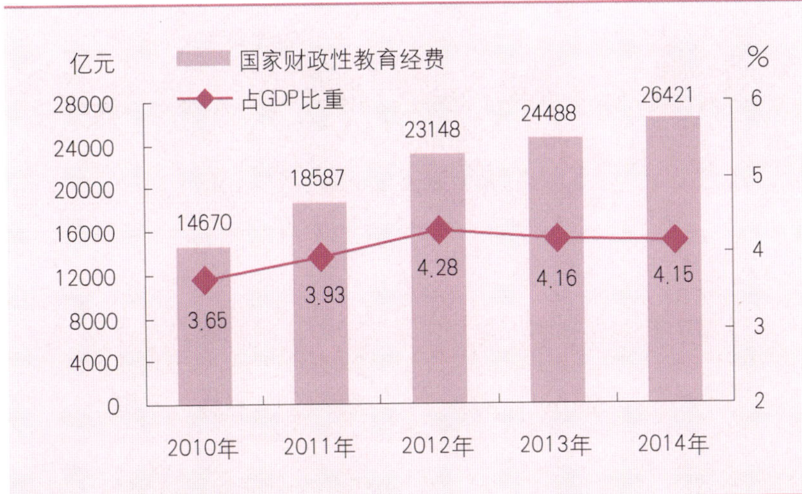

资料来源：全国教育经费执行情况统计公告。

注：2012 年国家财政性教育经费有修订。

表 1.7 卫生总费用及占 GDP 比重

单位：亿元

年 份	合 计	政府卫生支出	社会卫生支出	个人卫生支出	卫生总费用占 GDP(%)
2010	19980.4	5732.5	7196.6	7051.3	4.89
2011	24345.9	7464.2	8416.5	8465.3	5.03
2012	28119.0	8432.0	10030.7	9656.3	5.26
2013	31669.0	9545.8	11393.8	10729.3	5.39
2014	35312.4	10579.2	13437.8	11295.4	5.55

资料来源：国家卫生计生委统计资料。

注：1. 卫生总费用占 GDP 比重数据有调整。

2. 2014 年为初步测算数。

表 1.8 分城乡卫生费用及人均卫生费用

年 份	卫生总费用（亿元）		人均卫生费用（元）		
	城 市	农 村	合 计	城 市	农 村
2010	15508.6	4471.8	1490.1	2315.5	666.3
2011	18571.9	5774.0	1807.0	2697.5	879.4
2012	21280.5	6838.5	2076.7	2999.3	1064.8
2013	23645.0	8024.0	2327.4	3234.1	1274.4
2014			2581.7		

资料来源：国家卫生计生委统计资料。

表 1.9 人口自然变动情况

年 份	年末总人口（万人）	出生率（‰）	死亡率（‰）	自然增长率（‰）
2000	126743	14.03	6.45	7.58
2005	130756	12.40	6.51	5.89
2010	134091	11.90	7.11	4.79
2011	134735	11.93	7.14	4.79
2012	135404	12.10	7.15	4.95
2013	136072	12.08	7.16	4.92
2014	136782	12.37	7.16	5.21

资料来源:《2015 中国统计年鉴》。

表 1.10 人口数及其构成

类 别	2013 年		2014 年	
	人口数（万人）	比重（%）	人口数（万人）	比重（%）
总 计	**136072**	**100.0**	**136782**	**100.0**
# 城镇	73111	53.7	74916	54.8
乡村	62961	46.3	61866	45.2
# 男性	69728	51.2	70079	51.2
女性	66344	48.8	66703	48.8
#0–15 岁	23875	17.5	23957	17.5
16–59 岁	91545	67.6	91583	67.0
60 岁及以上	20243	14.9	21242	15.5
#65 岁及以上	13161	9.7	13755	10.1

资料来源：根据人口变动抽样调查资料推算。

图 1.5 2010 年民族构成

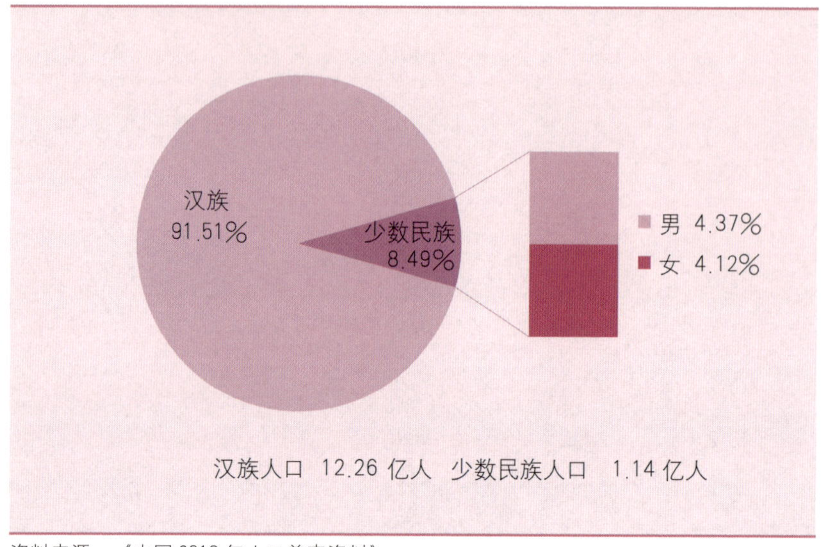

资料来源：《中国 2010 年人口普查资料》。

表 1.11 平均预期寿命

单位：岁

年 份	合 计	男	女	女性－男性
1981	67.77	66.28	69.27	2.99
1990	68.55	66.84	70.47	3.63
2000	71.40	69.63	73.33	3.70
2005	72.95	70.83	75.25	4.42
2010	74.83	72.38	77.37	4.99

资料来源：全国人口普查及人口变动抽样调查数据。

表 1.12 出生人口及总人口性别比

年　份	出生人口性别比（女 =100）	总人口性别比（女 =100）
2000	116.86	106.74
2005	118.59	106.30
2010	118.06	105.20
2011	117.78	105.18
2012	117.70	105.12
2013	117.60	105.10
2014	115.88	105.06

资料来源：全国人口普查及人口变动抽样调查数据。

表 1.13 家庭户规模及少儿抚养比

年　份	平均家庭户规模（人／户）	少儿抚养比（%）
2000	3.44	32.63
2005	3.13	28.10
2010	3.10	22.27
2011	3.03	22.10
2012	3.02	22.20
2013	2.98	22.20
2014	2.97	22.45

资料来源：全国人口普查及人口变动抽样调查数据。

图 1.6 全国儿童数（0-17 岁）

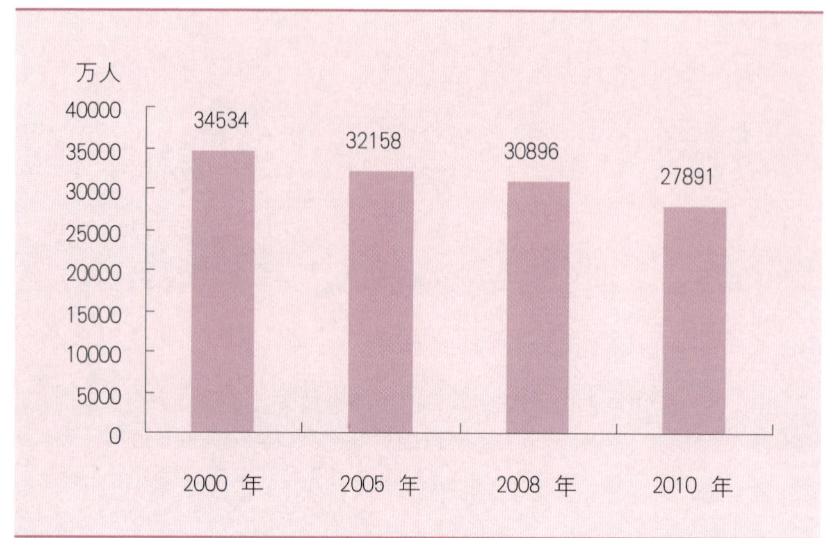

资料来源：全国人口普查及人口变动抽样调查资料。
注：2010 年数据是第六次全国人口普查实际登记数。

图 1.7 2010 年全国儿童人数及男女比例

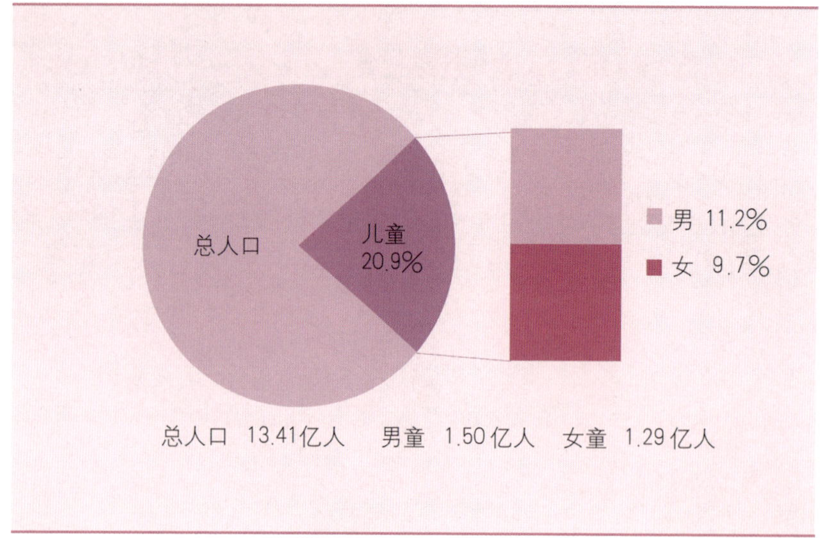

资料来源：《中国 2010 年人口普查资料》。

图 1.8 2010 年全国流动、留守儿童比例

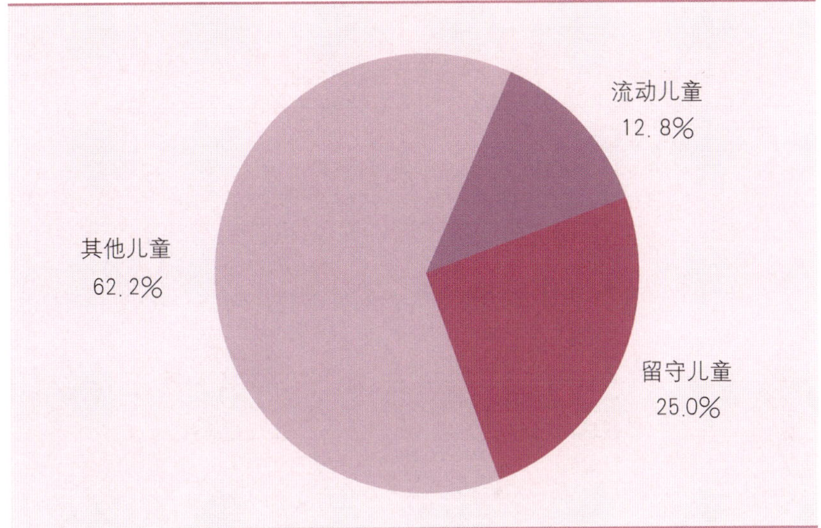

资料来源：第六次全国人口普查资料。

注：流动儿童指流动人口中 0–17 岁的儿童；留守儿童指父母双方或一方流动，留在原籍不能与父母双方共同生活在一起的儿童。下同。

表 1.14 2010 年流动、留守儿童规模

儿童类型	人数（万人）	性别构成（%）	
		男	女
流动儿童	3581.0	53.4	46.6
# 农村流动儿童	2877.0	53.8	46.2
留守儿童	6972.8		
# 农村留守儿童	6102.6	54.1	45.9

资料来源：第六次全国人口普查资料。

图 1.9 全国残疾儿童数（0-17 岁）

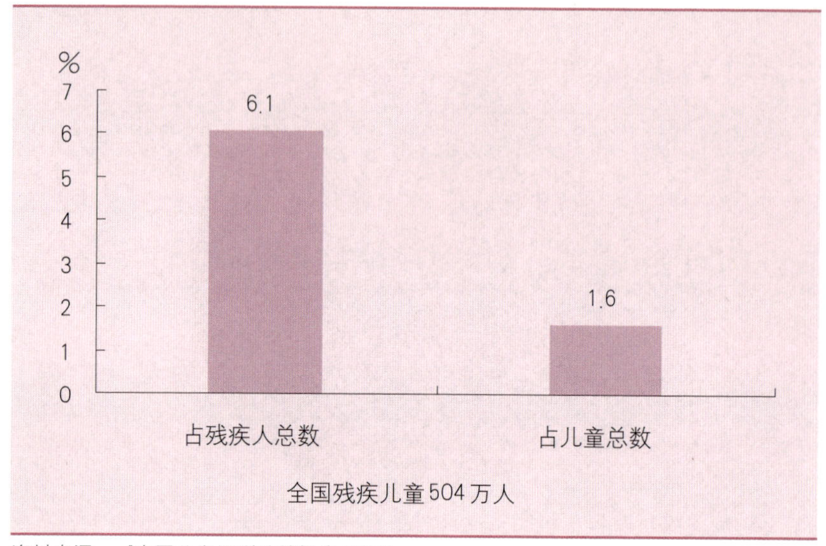

资料来源：《中国儿童福利政策报告 2011》。

表 1.15 17 岁及以下残疾儿童的监护人构成

单位：%

监护人	2010 年度	2011 年度	2012 年度	2013 年度
父母	86.0	84.9	83.8	85.4
父亲或母亲	5.4	5.3	6.0	5.5
祖父母或外祖父母	6.7	7.0	7.7	7.1
其他亲属或其他非亲属	1.9	2.9	2.5	2.0

资料来源：《2013 年度中国残疾人状况及小康进程监测报告》。

二、卫生保健

表 2.1 监测地区新生儿死亡率

单位：‰

年 份	全 国	城 市	农 村
2010	8.3	4.1	10.0
2011	7.8	4.0	9.4
2012	6.9	3.9	8.1
2013	6.3	3.7	7.3
2014	5.9	3.5	6.9

资料来源：国家卫生计生委统计资料。

注：城市包括直辖市区和地级市辖区，农村包括县及县级市。下同。

图 2.1 2014 年监测地区分性别儿童死亡率

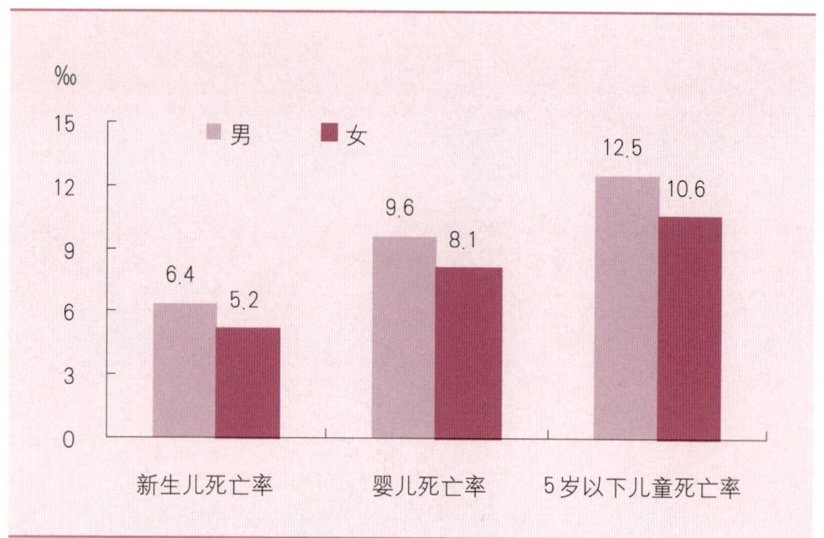

资料来源：国家卫生计生委统计资料。

表 2.2 监测地区婴儿死亡率

单位：‰

年份	全国	城市	农村	东部	中部	西部
2010	13.1	5.8	16.1	7.4	11.3	16.8
2011	12.1	5.8	14.7	6.2	10.8	16.8
2012	10.3	5.2	12.4	5.7	8.7	14.8
2013	9.5	5.2	11.3	5.3	7.2	14.4
2014	8.9	4.8	10.7	4.2	6.4	13.5

资料来源：国家卫生计生委统计资料。

表 2.3 监测地区 5 岁以下儿童死亡率

单位：‰

年份	全国	城市	农村	东部	中部	西部
2010	16.4	7.3	20.1	9.7	14.8	21.1
2011	15.6	7.1	19.1	8.2	14.7	21.0
2012	13.2	5.9	16.2	7.5	11.7	18.1
2013	12.0	6.0	14.5	6.9	10.0	17.2
2014	11.7	5.9	14.2	5.5	9.3	17.0

资料来源：国家卫生计生委统计资料。

表 2.4 监测地区孕产妇死亡率

单位：1/10 万

年 份	全 国	城 市	农 村	东 部	中 部	西 部
2010	30.0	29.7	30.1	17.8	29.1	45.1
2011	26.1	25.2	26.5	18.6	22.5	39.6
2012	24.5	22.2	25.6	14.4	25.2	34.4
2013	23.2	22.4	23.6	14.8	23.2	33.5
2014	21.7	20.5	22.2	12.5	22.3	32.7

资料来源：国家卫生计生委统计资料。

表 2.5 2014 年监测地区孕产妇死亡原因构成

疾病名称	合 计		城 市		农 村	
	位次	构成(%)	位次	构成(%)	位次	构成(%)
产科出血	1	26.3	1	21.2	1	28.3
羊水栓塞	2	14.9	2	13.1	2	15.5
心脏病	3	11.4	3	11.1	3	11.6
妊高症	4	9.1	4	7.1	4	10.0
肝病	5	4.6	5	4.0	5	4.8
产褥感染	6	1.1	6	1.0	6	1.2

资料来源：国家卫生计生委统计资料。

表 2.6 新法接生率及住院分娩率

单位：%

年 份	新法接生率			住院分娩率		
	全 国	城 市	农 村	全 国	城 市	农 村
2010	99.6	99.9	99.4	97.8	99.2	96.7
2011	99.7	99.9	99.6	98.7	99.6	98.1
2012	99.8	99.9	99.7	99.2	99.7	98.8
2013	99.9	100.0	99.7	99.5	99.9	99.2
2014	99.9	100.0	99.8	99.6	99.9	99.4

资料来源：国家卫生计生委统计资料。

图 2.2 非住院分娩中新法接生率

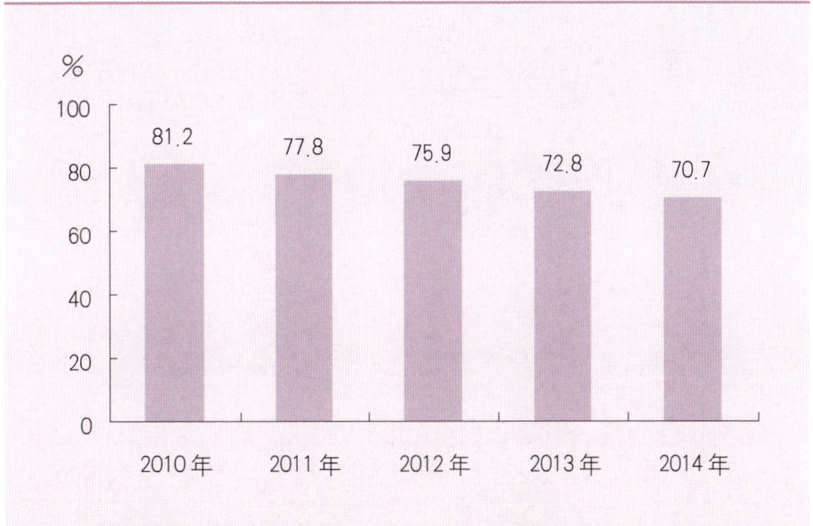

资料来源：国家卫生计生委统计资料。

表 2.7 妇女保健情况

单位：%

年 份	妇女病检查率	查出妇女病率	孕产妇建卡率	产前检查率	产后访视率	孕产妇系统管理率
2010	61.2	28.8	92.9	94.1	90.8	84.1
2011	65.4	28.3	93.8	93.7	91.0	85.2
2012	64.2	27.8	94.8	95.0	92.6	87.6
2013	68.7	27.4	95.7	95.6	93.5	89.5
2014	55.1	27.6	95.8	96.2	93.9	90.0

资料来源：国家卫生计生委统计资料。

图 2.3 孕产期中重度贫血患病率

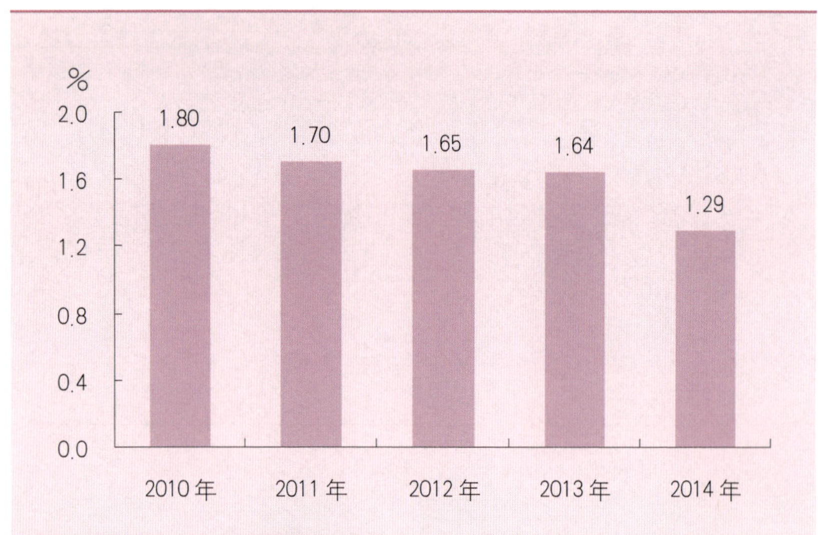

资料来源：国家卫生计生委统计资料。

表 2.8 儿童健康情况

单位：%

年 份	低出生体重发生率	新生儿访视率	5 岁以下儿童中重度营养不良比重	3 岁以下儿童系统管理率	7 岁以下儿童保健管理率
2010	2.34	89.6	1.55	81.5	83.4
2011	2.33	90.6	1.51	84.6	85.8
2012	2.38	91.8	1.44	87.0	88.9
2013	2.44	93.2	1.37	89.0	90.7
2014	2.61	93.6	1.48	89.8	91.3

资料来源：国家卫生计生委统计资料。

图 2.4 0-6 个月婴儿纯母乳喂养率

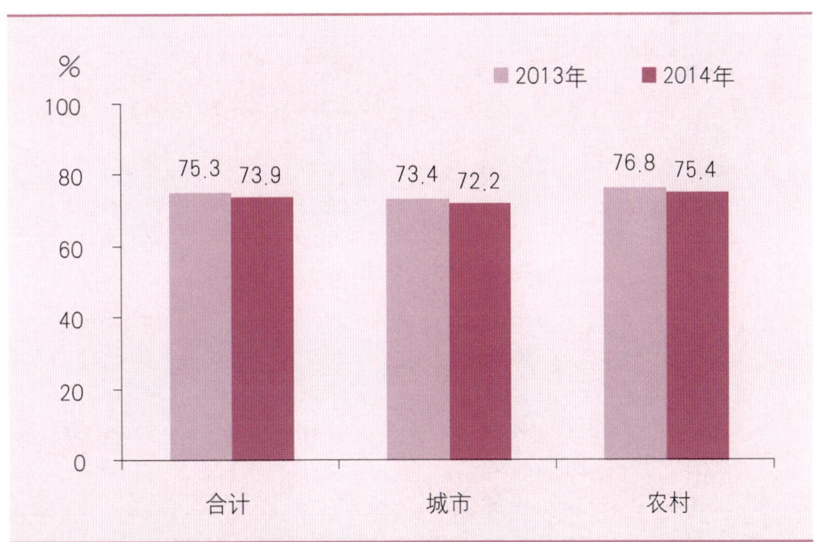

资料来源：国家卫生计生委统计资料。

图 2.5 2014 年国家免疫规划疫苗接种率

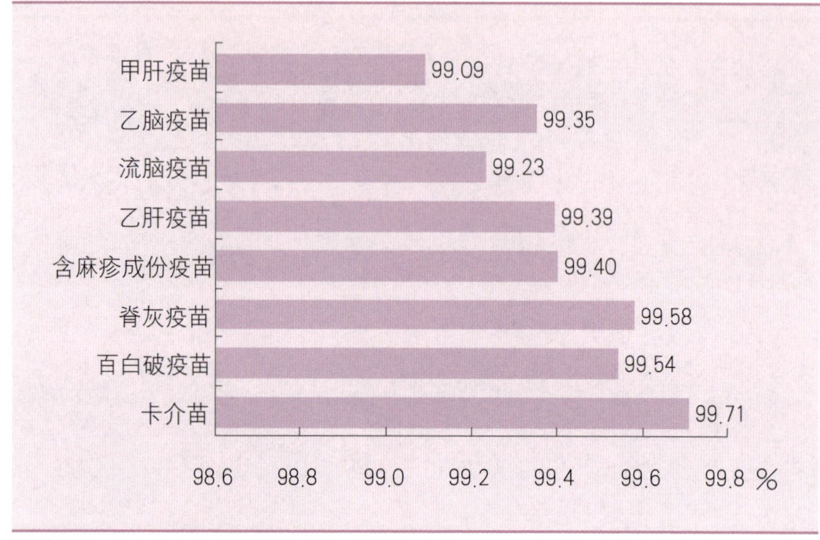

资料来源：国家卫生计生委统计资料。

表 2.9 出生缺陷发生率

单位：1/万

年 份	总发生率	城 市	农 村
2000	109.79	102.46	127.09
2001	104.86	102.23	109.69
2002	111.17	109.71	113.84
2003	129.79	127.43	133.69
2004	128.38	126.94	130.59
2005	138.96	139.27	137.53
2006	145.50	146.67	140.85
2007	147.94	148.30	147.19
2008	134.94	149.60	117.76
2009	145.43	166.40	123.86
2010	149.90		

资料来源：全国 783 所医院监测结果。

表 2.10 部分法定报告传染病发病数及死亡数

单位：例

疾病名称	发病数		死亡数	
	2013 年	2014 年	2013 年	2014 年
病毒性肝炎	1251872	1223021	739	515
肺结核	904434	889381	2576	2240
麻疹	27646	52628	24	28
疟疾	3896	2921	20	24
艾滋病	42286	45145	11437	12030
百日咳	1712	3408		2
新生儿破伤风	492	426	45	15

资料来源：国家卫生计生委统计资料。

表 2.11 部分法定报告传染病发病率

单位：1/10 万

年 份	病毒性肝炎	肺结核	麻 疹	疟 疾	艾滋病	百日咳	新生儿破伤风(‰)
2010	98.74	74.27	2.86	0.55	2.56	0.13	0.06
2011	102.34	71.09	0.74	0.30	2.92	0.19	0.05
2012	102.48	70.62	0.46	0.18	3.11	0.16	0.05
2013	92.45	66.80	2.04	0.29	3.12	0.13	0.03
2014	90.25	65.63	3.88	0.22	3.33	0.25	0.03

资料来源：国家卫生计生委统计资料。

图 2.6 婚前医学检查率

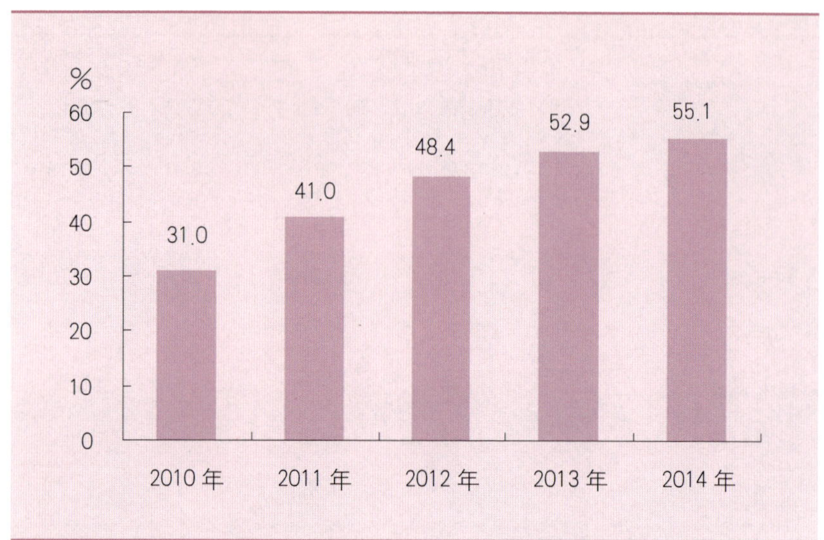

资料来源：国家卫生计生委统计资料。

表 2.12 妇女常见病筛查中患病率情况

年 份	阴道炎患病率（%）	宫颈炎患病率（%）	尖锐湿疣患病率（1/10万）	宫颈癌患病率（1/10万）	乳腺癌患病率（1/10万）	卵巢癌患病率（1/10万）
2010	13.2	12.1	33.8	15.1	10.1	3.4
2011	13.6	11.7	33.4	15.3	10.4	3.2
2012	13.6	11.3	28.8	13.3	10.7	2.9
2013	13.6	11.3	20.7	16.4	12.2	3.1
2014	13.4	10.7	34.1	17.6	14.3	4.3

资料来源：国家卫生计生委统计资料。

图 2.7 已婚育龄妇女避孕率

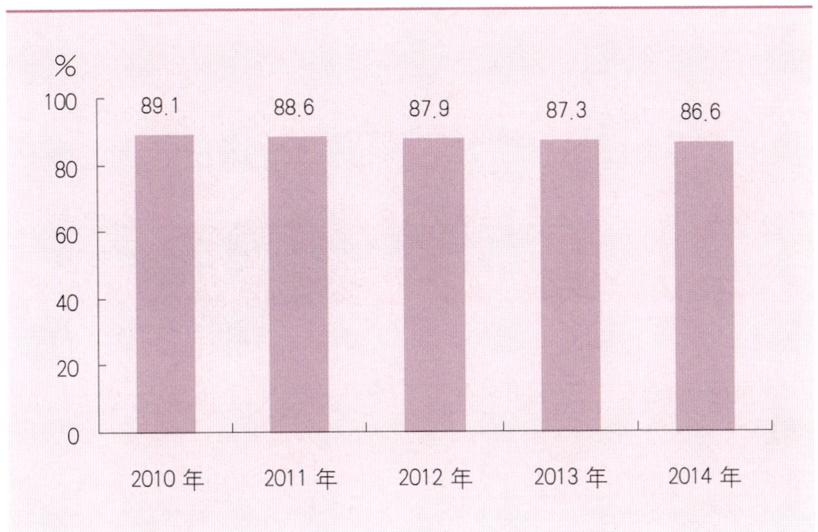

资料来源：国家卫生计生委统计资料。

图 2.8 避孕措施中男性避孕方法比例

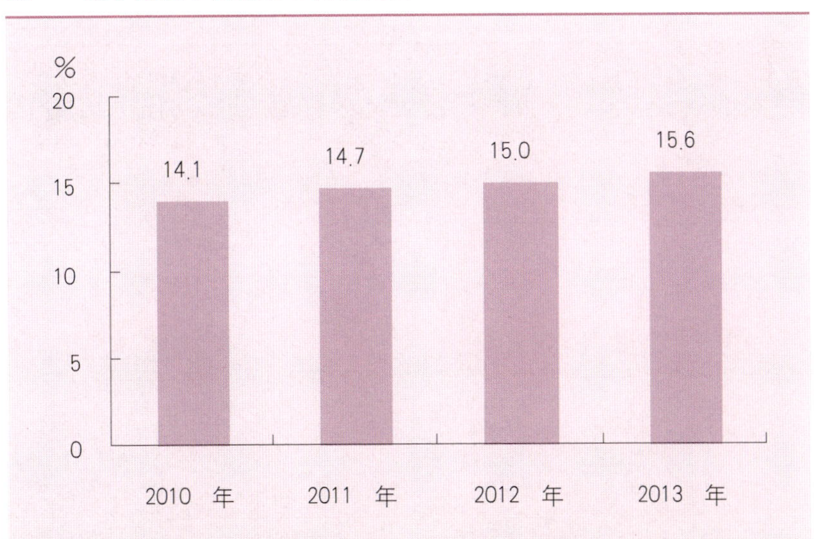

资料来源：国家卫生计生委统计资料。

图 2.9 2013 年节育方法构成

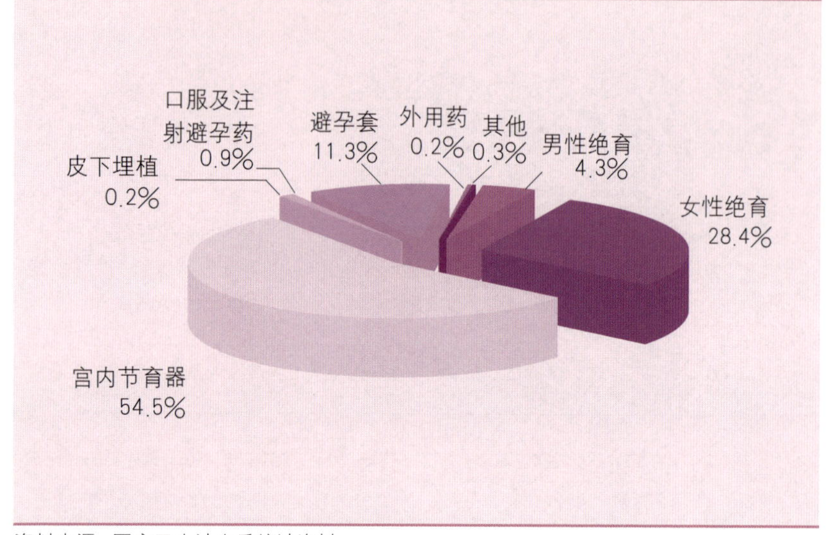

资料来源：国家卫生计生委统计资料。

表 2.13 计划生育手术情况

单位：万例、万人

年 份	节育手术总例数	放置宫内节育器例数	取出宫内节育器例数	输精管结扎人数	输卵管结扎人数	人工流产人数
2010	2216	754	282	22	170	636
2011	2195	730	282	20	160	663
2012	2176	720	284	17	156	669
2013	2035	681	279	16	137	624
2014	2418	848	353	18	147	962

资料来源：国家卫生计生委统计资料。

三、教育

表 3.1 全国各级各类学校数

单位：所

年 份	普通高等学校	普通高中	普通中专	普通初中	普通小学	特殊教育	学前教育
2010	2358	14058	3938	54823	257410	1706	150420
2011	2409	13688	3753	54063	241249	1767	166750
2012	2442	13509	3681	53167	228585	1853	181251
2013	2491	13352	3577	52764	213529	1933	198553
2014	2529	13253	3536	52597	201377	2000	209881

资料来源：教育部统计资料。

表 3.2 各级学校生师比（教师人数＝1）

年 份	普通小学	初中	普通高中	中等职业学校	普通中专	普通高校
2010	17.70	14.98	15.99	25.69	29.75	17.33
2011	17.71	14.38	15.77	24.97	31.53	17.42
2012	17.36	13.59	15.47	24.19	26.59	17.52
2013	16.76	12.76	14.95	22.97	25.43	17.53
2014	16.78	12.57	14.44	21.34	24.41	17.68

资料来源：教育部统计资料。

表 3.3 全国各级教育入学率及升学率

单位：%

年 份	学前教育毛入园率	小学学龄儿童净入学率	# 女	初中阶段毛入学率	九年义务教育巩固率
2010	56.6	99.7	99.7	100.0	89.7
2011	62.3	99.8	99.8	100.0	91.5
2012	64.5	99.9	99.9	100.0	91.8
2013	67.5	99.7	99.7	100.0	92.3
2014	70.5	99.8	99.8	100.0	92.6

资料来源：教育部统计资料。

表 3.3 续表

单位：%

年 份	高中阶段毛入学率	高等教育毛入学率	小学升初中升学率	初中升高中升学率	高中升高等教育升学率
2010	82.5	26.5	98.7	87.5	83.3
2011	84.0	26.9	98.3	88.9	86.5
2012	85.0	30.0	98.3	88.4	87.0
2013	86.0	34.5	98.3	91.2	87.6
2014	86.5	37.5	98.0	95.1	90.2

注：1. 初中阶段毛入学率超过 100% 的均按 100% 计算。

2. 高中升高等教育升学率为普通高校招生数与普通高中毕业生数之比。

表 3.4 2014 年各级各类学校教职工数

单位：万人

类　别	教职工数	# 女	# 专任教师	# 女
高等教育				
# 普通高等学校	233.6	109.9	153.5	73.9
成人高等学校	5.3	2.6	3.2	1.7
中等教育				
高中				
# 普通高中	250.9	128.9	166.3	84.2
中等职业教育				
# 普通中专	41.8	20.2	30.7	15.8
成人中专	7.3	3.5	5.3	2.7
职业高中	36.1	17.5	29.3	15.0
初中阶段教育				
# 普通初中	395.5	203.9	348.8	183.4
职业初中（人）	826	357	769	345
初等教育				
# 普通小学	548.9	328.7	563.4	350.0
工读学校（人）	2820	1010	1900	736
特殊教育	5.7	4.0	4.8	3.5
学前教育	314.2	288.1	184.4	180.6

资料来源：教育部统计资料。

注：完全中学的教职工数计入高中阶段教育，九年一贯制学校的教职工数计入初中阶段教育，十二年一贯制学校的教职工数计入高中阶段教育；专任教师按教育层次归类。

表 3.5 2014 年普通高校专任教师学历情况

单位：人

学 历	专任教师	# 女	聘请校外教师	# 女
总 计	**1534510**	**738695**	**424011**	**161057**
博 士	313136	107892	64434	16327
硕 士	552854	306501	142618	60158
本 科	648230	317104	193277	77014
专科及以下	20290	7198	23682	7558

资料来源：教育部统计资料。

表 3.6 2014 年普通高校专任教师分年龄及性别构成

年 龄	人 数（人）	# 女	性别构成（%）	
			男	女
总 计	**1534510**	**738695**	**51.9**	**48.1**
29 岁及以下	221992	132450	40.3	59.7
30–34 岁	357844	199026	44.4	55.6
35–39 岁	292771	147806	49.5	50.5
40–44 岁	226865	103483	54.4	45.6
45–49 岁	186599	78986	57.7	42.3
50–54 岁	149982	54563	63.6	36.4
55–59 岁	69700	16396	76.5	23.5
60–64 岁	18309	4377	76.1	23.9
65 岁及以上	10448	1608	84.6	15.4

资料来源：教育部统计资料。

表 3.7 2014 年普通高中和初中专任教师学历、职称情况

单位：人

类　别	普通高中	#女	初　中	#女
总　计	**1662700**	**841510**	**3488430**	**1834243**
按学历分：				
研究生毕业	105740	65756	54775	39081
本科毕业	1511153	760433	2662297	1496823
专科毕业	44840	15054	754918	295071
高中阶段毕业	913	252	15882	3169
高中阶段毕业以下	54	15	558	99
按职称分：				
中学高级	447196	173650	586169	257638
中学一级	606313	300831	1508663	740208
中学二级	480323	285615	1094211	642246
中学三级	12141	6497	50858	29449
未定职级	116727	74917	248529	164702

资料来源：教育部统计资料。

表 3.8 2014 年普通小学和特殊教育专任教师学历、职称情况

单位：人

类　别	普通小学	#女	特殊教育	#女
总　计	**5633906**	**3500101**	**48125**	**34988**
按学历分：				
研究生毕业	27125	21322	846	652
本科毕业	2321118	1707239	27833	20629
专科毕业	2713074	1606607	17473	12603
高中阶段毕业	565804	163530	1912	1064
高中阶段毕业以下	6785	1403	61	40
按职称分：				
中学高级	127396	66220	4573	2694
小学高级	2910398	1642527	23828	17262
小学一级	1866363	1234913	13873	10332
小学二级	178189	123375	1515	1166
小学三级	12628	8950	129	107
未定职级	538932	424116	4207	3437

资料来源：教育部统计资料。

表 3.9 2014 年各级各类学校在校学生数及性别构成

类　别	人数（万人）	# 女	性别构成（%） 男	女
高等教育				
# 研究生	184.8	90.8	50.8	49.2
普通本专科	2547.7	1327.8	47.9	52.1
成人本专科	653.1	366.5	43.9	56.1
中等教育				
高中				
# 普通高中	2400.5	1199.6	50.0	50.0
成人高中	14.9	7.6	48.8	51.2
中等职业教育				
# 普通中专	749.1	397.0	47.0	53.0
成人中专	194.4	84.8	56.4	43.6
职业高中	472.8	215.5	54.4	45.6
初中阶段教育				
# 普通初中	4383.9	2045.9	53.3	46.7
成人初中	46.3	22.5	51.3	48.7
初等教育				
# 普通小学	9451.1	4372.0	53.7	46.3
工读学校（人）	8494	1201	85.9	14.1
特殊教育	39.5	14.0	64.4	35.6
学前教育	4050.7	1876.1	53.7	46.3

资料来源：教育部统计资料。

表 3.10 2014 年研究生在校生人数及性别构成

类别	人数（人）	#女	性别构成（%）	
			男	女
总计	**1847689**	**908287**	**50.8**	**49.2**
博士	312676	115459	63.1	36.9
硕士	1535013	792828	48.4	51.6
普通高校	**1822821**	**898591**	**50.7**	**49.3**
博士	305833	113246	63.0	37.0
硕士	1516988	785345	48.2	51.8
科研机构	**24868**	**9696**	**61.0**	**39.0**
博士	6843	2213	67.7	32.3
硕士	18025	7483	58.5	41.5

资料来源：教育部统计资料。

表 3.11 2014 年在职人员攻读硕士学位人数及性别构成

类别	人数（人）	#女	性别构成（%）	
			男	女
招生数	162374	60477	62.8	37.2
在校生数	596086	214335	64.0	36.0
授予学位数	108176	40303	62.7	37.3

资料来源：教育部统计资料。

表 3.12 学前教育在园人数及性别构成

年 份	人 数（万人）	# 女	性别构成（%）	
			男	女
2010	2976.7	1352.6	54.6	45.4
2011	3424.4	1578.9	53.9	46.1
2012	3685.8	1707.1	53.7	46.3
2013	3894.7	1798.2	53.8	46.2
2014	4050.7	1876.1	53.7	46.3

资料来源：教育部统计资料。

表 3.13 2014 年高中阶段教育在校生人数及性别构成

类 别	人 数（万人）	# 女	性别构成（%）	
			男	女
总 计	**4170.0**	**2004.5**	**51.9**	**48.1**
高 中	**2415.4**	**1207.2**	**50.0**	**50.0**
普通高中	2400.5	1199.6	50.0	50.0
成人高中	14.9	7.6	48.8	51.2
中等职业教育	**1755.3**	**797.3**	**54.6**	**45.4**
普通中专	749.1	397.0	47.0	53.0
成人中专	194.4	84.8	56.4	43.6
职业高中	472.8	215.5	54.4	45.6
技工学校	339.0	100.1	70.5	29.5

资料来源：教育部统计资料。

表 3.14 2014 年 6 岁及以上人口受教育程度及性别构成

受教育程度	总 计 （人）	#女	性别构成（%）男	性别构成（%）女
总 计	**1047090**	**512802**	**51.0**	**49.0**
未上过学	56255	39492	29.8	70.2
小 学	274858	145076	47.2	52.8
初 中	420432	194309	53.8	46.2
高 中	174847	76591	56.2	43.8
大专及以上	120698	57334	52.5	47.5

资料来源：2014 年全国人口变动情况抽样调查样本数据，抽样比为 0.822‰。

图 3.1 文盲人口占 15 岁及以上人口比重

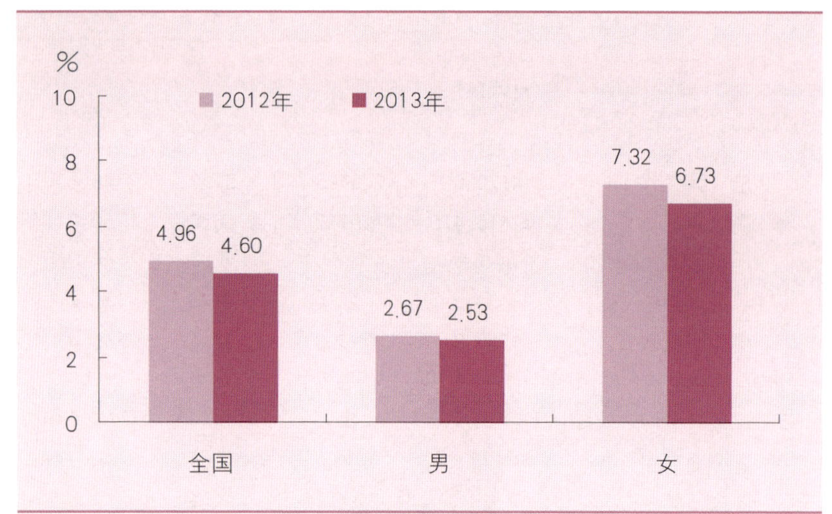

资料来源：根据全国人口变动情况抽样调查样本数据计算。

注：文盲人口指 15 岁及以上不识字及识字很少人口。

表 3.15 6-14 岁残疾儿童接受义务教育比例[①]

单位：%

年 度	全 国	城 镇	农 村
2010	71.4	75.7	70.5
2011	72.1	74.5	71.5
2012	71.9	74.2	71.4
2013	72.7		

资料来源：《2013 年度中国残疾人状况及小康进程监测报告》。

注：①指 6 – 14 岁学龄残疾儿童正在普通教育或特殊教育学校接受义务教育人数占同龄残疾儿童人数的比率。

表 3.16 6-17 岁残疾儿童就读学校类型构成

单位：%

学 校	2010 年度	2011 年度	2012 年度	2013 年度
普通小学	73.0	68.2	61.5	59.6
普通中学	16.5	20.2	23.5	24.7
特殊教育学校	7.1	6.5	8.9	8.9
普通教育学校特教班	0.7	0.1	0.3	0.1
普通高中	1.6	2.5	3.4	4.1
中等职业学校	1.1	2.4		
普通中等职业学校			2.1	2.3
残疾人中等职业学校			0.3	0.3

资料来源：《2013 年度中国残疾人状况及小康进程监测报告》。

注：原中等职业学校从 2012 年度细分为普通中等职业学校与残疾人中等职业学校。

图 3.2 全国义务教育阶段未入学学龄残疾儿童

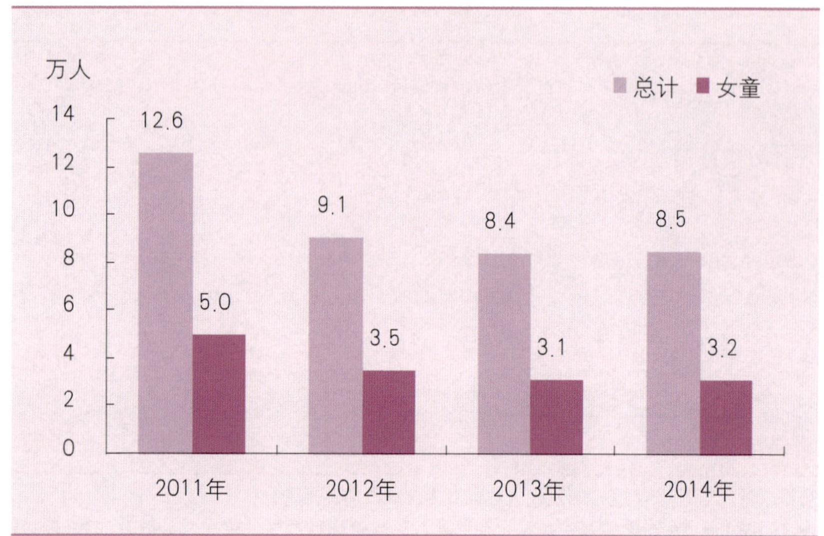

资料来源：中国残联统计资料。

图 3.3 各类家长学校数及农村妇女学校数

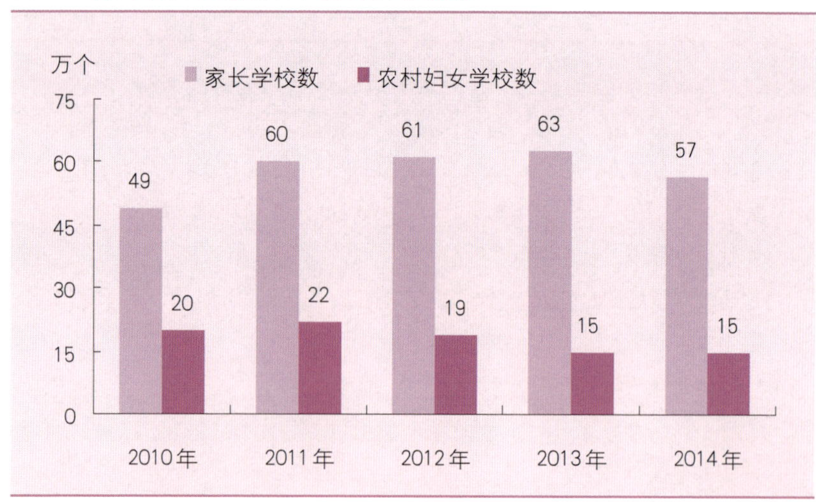

资料来源：全国妇联统计资料.

注：各类家长学校仅包含了妇联系统和教育系统的家长学校数。

四、就业与社会保障

表 4.1 城镇就业人员人数及性别构成

年 份	城镇单位就业人员（万人）	# 女	性别构成（%）	
			男	女
2010	13052	4862	62.8	37.2
2011	14413	5228	63.7	36.3
2012	15236	5459	64.2	35.8
2013	18108	6338	65.0	35.0
2014	18278	6546	64.2	35.8

资料来源：《2015 中国人口和就业统计年鉴》。

表 4.2 分登记注册类型城镇单位就业人员年末人数

单位：万人

年 份	国有单位	# 女	城镇集体单位	# 女	其他单位	# 女
2010	6516.4	2447.4	597.5	205.2	5937.6	2208.9
2011	6704.2	2522.4	603.1	195.9	7106.0	2509.4
2012	6839.0	2590.1	589.7	188.4	7807.7	2680.4
2013	6365.1	2472.3	566.2	179.1	11177.2	3686.9
2014	6312.3	2509.0	536.7	173.1	11428.8	3864.1

资料来源：《2015 中国人口和就业统计年鉴》。

表 4.3 城镇就业人员调查周平均工作时间

单位：小时 / 周

调查时间	合 计	男	女
2005 年 11 月	47.8	48.7	46.7
2010 年 11 月	47.0	47.7	46.1
2011 年 11 月	46.2	47.0	45.2
2012 年 11 月	46.3	47.1	45.2
2013 年 9 月	46.6	47.5	45.5

资料来源：《2014 中国劳动统计年鉴》。

表 4.4 2013 年城镇就业人员调查周工作时间构成

单位：%

周工作时间	合 计	男	女
合 计	**100.0**	**100.0**	**100.0**
1–8 小时	0.5	0.4	0.7
9–19 小时	1.3	1.0	1.8
20–39 小时	8.4	6.8	10.5
40 小时	36.0	35.7	36.3
41–48 小时	19.9	19.8	20.0
48 小时以上	33.9	36.3	30.7

资料来源：《2014 中国劳动统计年鉴》。

图 4.1 城镇登记失业人数及失业率

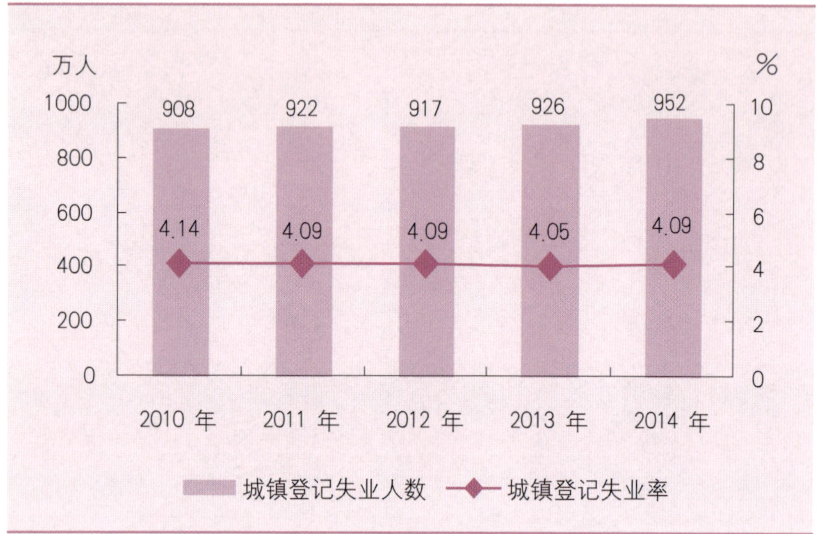

资料来源：人力资源和社会保障部统计资料。

图 4.2 城镇登记失业人员性别构成

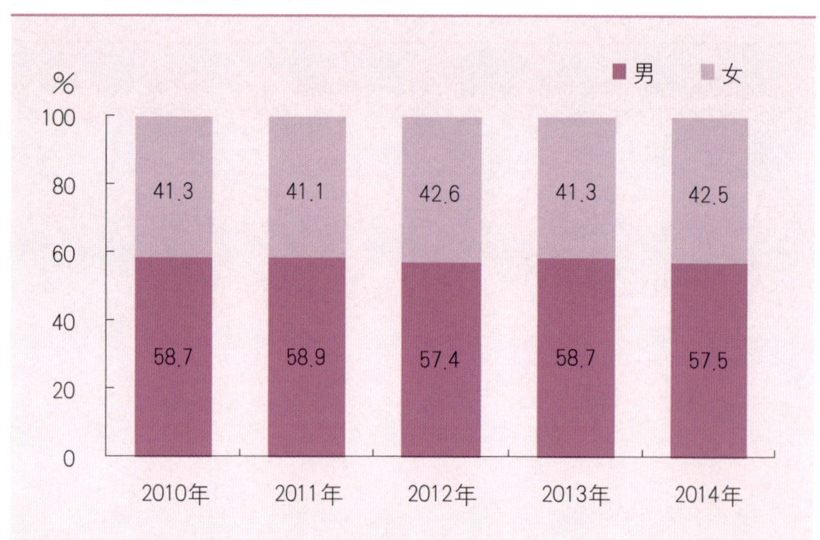

资料来源：人力资源和社会保障部统计资料。

表 4.5 2013 年度全国就业人员身份构成

单位：%

就业人员	合　计	男	女
合　计	**100.0**	**100.0**	**100.0**
雇　员	48.7	51.8	44.8
雇　主	4.0	5.2	2.6
自营劳动者	44.7	41.9	48.1
家庭帮工	2.6	1.1	4.5

资料来源：《2014 中国劳动统计年鉴》。

表 4.6 2013 年城镇失业人员失业原因构成

单位：%

失业原因	合　计	男	女
合　计	**100.0**	**100.0**	**100.0**
离退休	5.9	6.4	5.6
料理家务	23.0	4.1	36.8
毕业后未工作	18.7	25.0	14.2
因单位原因失去工作	16.2	20.9	12.7
因个人原因失去工作	25.9	29.6	23.2
承包土地被征用	1.7	2.3	1.3
其　他	8.5	11.8	6.1

资料来源：《2014 中国劳动统计年鉴》。

表 4.7 全国社会保险基金收支及累计结余情况

单位：亿元

指　标	2013 年	2014 年
基金收入	**35253**	**39828**
基本养老保险	24733	27620
失业保险	1289	1380
基本医疗保险	8248	9687
工伤保险	615	695
生育保险	368	446
基金支出	**27916**	**33003**
基本养老保险	19819	23326
失业保险	532	615
基本医疗保险	6801	8134
工伤保险	482	561
生育保险	283	368
累计结余	**45588**	**52462**
基本养老保险	31275	35645
失业保险	3686	4452
基本医疗保险	9116	10645
工伤保险	996	1129
生育保险	515	593

资料来源：人力资源和社会保障部统计资料。

表 4.8 社会保险参保人数

单位：万人

年　份	城镇职工基本养老保险参保人数	城镇职工基本医疗保险参保人数	失业保险参保人数	工伤保险参保人数	生育保险参保人数
2010	25707	23735	13376	16161	12336
2011	28391	25227	14317	17696	13892
2012	30427	26486	15225	19010	15429
2013	32218	27443	16417	19917	16392
2014	34124	28296	17043	20639	17039

资料来源：人力资源和社会保障部统计资料。

表 4.9 女性参加社会保险人数

单位：万人

年　份	城镇职工基本养老保险参保人数	城镇职工基本医疗保险参保人数	失业保险参保人数	工伤保险参保人数	生育保险参保人数
2010	11202	10537	5149	5699	5367
2011	12575	11398	5815	6202	6033
2012	13829	12207	6304	7145	6700
2013	14612	12657	6862	7537	7117
2014	15463	13013	7145	8070	7407

资料来源：人力资源和社会保障部统计资料。

图 4.3 城乡居民社会养老保险参保人数

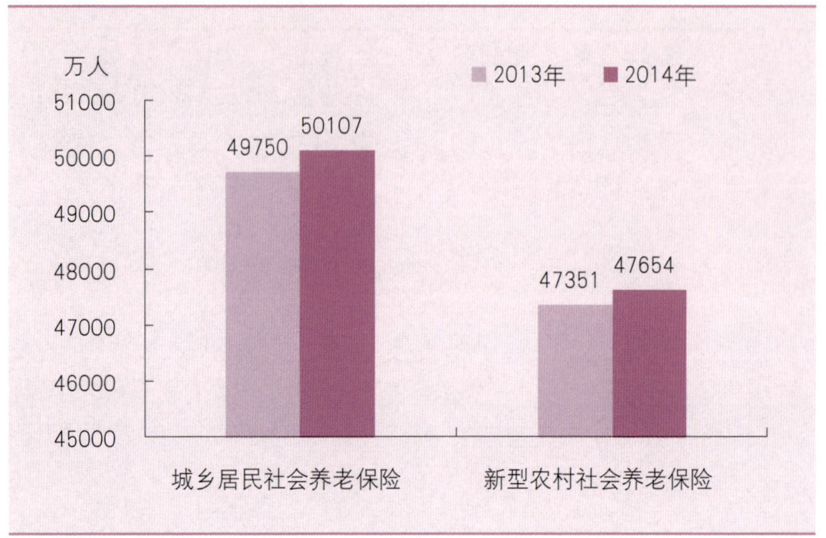

资料来源：人力资源和社会保障部统计资料。

表 4.10 城镇居民基本医疗保险参保人数及性别构成

年份	参保人数	#女	性别构成（%）	
			男	女
2011	22116.1	7531.0	65.9	34.1
2012	27155.7	10996.0	59.5	40.5
2013	29629.4	12174.4	58.9	41.1
2014	31450.9	13899.8	55.8	44.2

资料来源：人力资源和社会保障部统计资料。

表 4.11 新型农村合作医疗情况

年　份	参合人数（亿人）	参合率（%）	人均筹资（元）	当年基金支出（亿元）	补偿受益人次（亿人次）
2010	8.4	96.0	156.6	1187.8	10.9
2011	8.3	97.5	246.2	1710.2	13.2
2012	8.1	98.3	308.5	2408.0	17.5
2013	8.0	98.7	370.6	2909.2	19.4
2014	7.4	98.9	410.9	2890.4	16.5

资料来源：国家卫生计生委统计资料。

表 4.12 培训机构面对社会开展的职工技能培训人数及性别构成

年　份	培训人数（万人）	# 女	性别构成（%）	
			男	女
2010	2442	929	62.0	38.0
2011	2112	883	58.2	41.8
2012	2049	853	58.4	41.6
2013	2049	882	57.0	43.0
2014	1935	824	57.4	42.6

资料来源：人力资源和社会保障部统计资料。

注：培训机构指由人力资源和社会保障部门直接管理的培训机构。

图 4.4 人力资源和社会保障部门查处违反女职工和未成年工特殊保护规定案件数

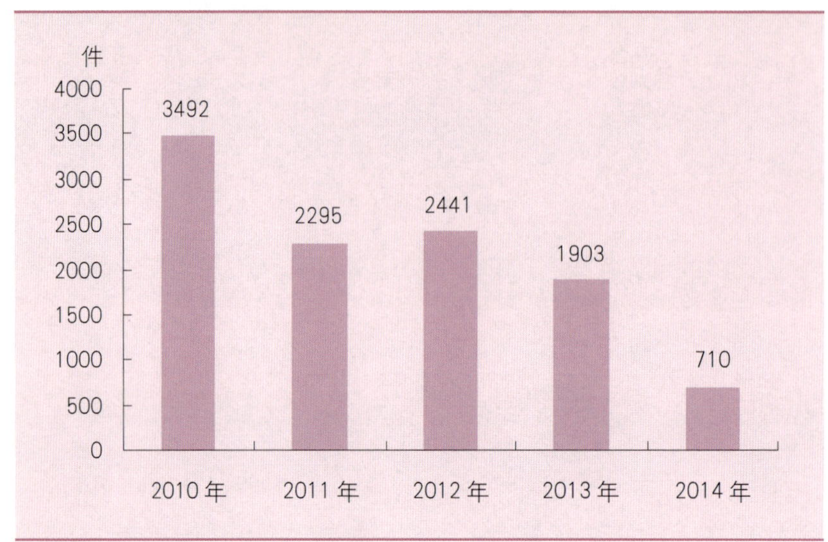

资料来源：人力资源和社会保障部统计资料。

图 4.5 执行了《女职工劳动保护特别规定》的企业比重

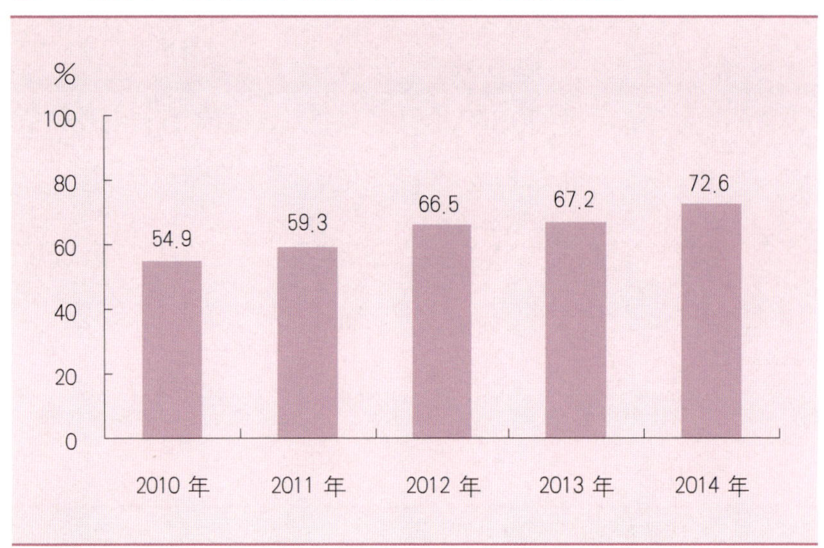

资料来源：全国总工会统计资料。

五、社会服务

表 5.1 城乡居民最低生活保障情况

单位：万人

年份	城镇居民最低生活保障人数	#女	农村居民最低生活保障人数	#女
2010	2310.5	943.4	5214.0	1673.4
2011	2276.8	920.2	5305.7	1700.6
2012	2143.5	889.9	5344.5	1814.5
2013	2064.2	867.0	5388.0	1866.5
2014	1877.0	792.4	5207.2	1826.4

资料来源：民政部统计资料。

表 5.2 城乡最低生活保障平均标准

单位：元 / 人月

年份	总计	城市	农村
2010	185.9	251.2	117.0
2011	216.9	287.6	143.2
2012	253.0	330.1	172.3
2013	290.3	373.3	202.8
2014	321.0	410.5	231.4

资料来源：民政部统计资料。

表 5.3 农村五保供养人数

单位：万人

年 份	农村集中供养五保人数	#女	农村分散供养五保人数	#女
2010	177.4	36.9	378.9	83.8
2011	184.5	37.7	366.5	77.9
2012	185.3	36.1	360.3	73.3
2013	183.5	34.1	353.8	67.9
2014	174.3	30.6	354.8	63.5

资料来源：民政部统计资料。

表 5.4 社会福利企业中残疾职工人数及性别构成

年 份	残疾职工（万人）	#女	性别构成（%）	
			男	女
2010	62.5	19.6	68.7	31.4
2011	62.8	19.7	68.6	31.4
2012	59.7	18.4	69.2	30.8
2013	53.9	16.6	69.1	30.9
2014	47.9	15.0	68.7	31.3

资料来源：民政部统计资料。

表 5.5 提供住宿的社会服务机构基本情况

年　份	提供住宿的社会服务机构数（万个）	#儿童收养救助机构数（个）	床位数（万张）
2010	4.4	480	349.6
2011	4.6	638	396.4
2012	4.8	724	449.4
2013	4.6	803	526.7
2014	3.7	890	613.5

资料来源：民政部统计资料。

表 5.5 续

年　份	收留抚养和救助人数（万人）	#儿童	#女
2010	278.2	4.2	60.2
2011	293.4	4.6	63.9
2012	309.3	10.8	68.4
2013	322.5	10.9	70.4
2014	336.8	10.3	63.7

表 5.6 家庭收养儿童登记情况

年　份	收养登记总数（件）	中国公民收养登记	外国公民收养登记
2010	34529	29618	4911
2011	31424	27579	3845
2012	27278	23157	4121
2013	24460	21230	3230
2014	22772	19885	2887

资料来源：民政部统计资料。

表 5.6 续

年　份	被收养人合计(人)	被中国公民收养	被外国人收养	由福利机构抚养的儿童
2010	34473	29978	4495	1878
2011	31329	28117	3212	1679
2012	27310	23169	4141	1760
2013	24491	21261	3230	9657
2014	22876	20055	2821	10336

注：由福利机构抚养的儿童指在社会福利机构抚养的父母双亡或查找不到生父母的弃婴。

表 5.7 孤儿总数

年 份	合 计 (人)	集中供养	社会散居
2010	252110		
2011	509695	77144	432551
2012	570075	95251	474824
2013	548845	93899	454946
2014	525179	93522	431657

资料来源：民政部统计资料。

图 5.1 被家庭收养的女童及残疾儿童数

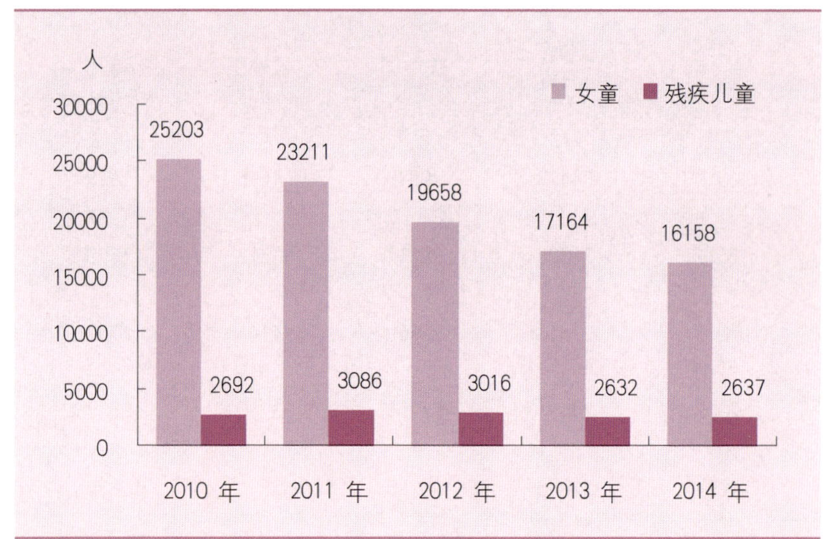

资料来源：民政部统计资料。

表 5.8 社区服务建设

年 份	便民利民网点（万个）	社区服务机构（万个）	# 社区服务中心（个）
2010	53.9	15.3	12720
2011	45.3	16.0	14391
2012	39.7	20.0	15497
2013	35.9	25.2	19014
2014	30.2	25.1	23088

资料来源：民政部统计资料。

图 5.2 基层组织中持有证书的社会工作者人数

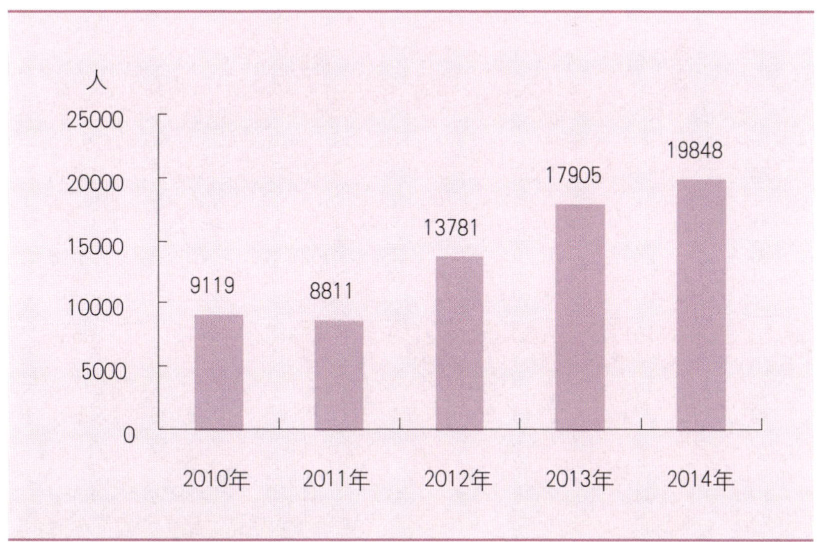

资料来源：民政部统计资料。

表 5.9 生活无着落人员救助管理站基本情况

年 份	单位数（个）	职工人数（人）	#女	救助人次（万人次）	#儿童	#女
2010	1448	15118	5053	164.3	12.1	30.4
2011	1547	15668	5291	231.3	13.9	36.5
2012	1770	16866	5743	221.5	11.1	37.4
2013	1891	17587	5924	289.1	14.4	60.0
2014	1949	17848	5977	295.3	11.6	56.9

资料来源：民政部统计资料。

表 5.10 未成年人救助保护中心基本情况

年 份	单位数（个）	职工人数（人）	#女	救助人次（人次）	#儿童	#女
2010	145	1335	493	75521	24852	10935
2011	241	1679	611	62038	39851	7619
2012	261	2030	759	65316	41112	9695
2013	274	2043	761	70873	36139	9501
2014	345	2049	810	41979	41979	6954

资料来源：民政部统计资料。

表 5.11 全国未入学学龄残疾儿童残疾类别构成

单位：人，%

类 别	2013 年		2014 年	
	人数	构成	人数	构成
全国未入学学龄残疾儿童人数	**83532**	**100.0**	**85107**	**100.0**
视力残疾	5015	6.0	3996	4.7
听力残疾	5445	6.5	4619	5.4
言语残疾	5067	6.1	4693	5.5
肢体残疾	25782	30.9	26322	30.9
智力残疾	26434	31.6	28269	33.2
精神残疾	3413	4.1	3607	4.2
多重残疾	12376	14.8	13601	16.0

资料来源：残联统计资料。

表 5.12 残疾儿童接受康复训练与服务人数

单位：人，%

类 别	2013 年		2014 年	
	人数	构成	人数	构成
残疾儿童接受康复训练与服务人数	**221589**	**100.0**	**236877**	**100.0**
在训聋儿	32284	14.6	31701	13.4
肢体残疾儿童康复训练	65265	29.5	72314	30.5
贫困肢体残疾儿童矫治手术	6721	3.0	8860	3.7
智力残疾儿童康复训练	100663	45.4	104275	44.0
孤独症儿童康复训练	16656	7.5	19727	8.3

资料来源：残联统计资料。

图 5.3 开展残疾儿童康复的残疾人康复机构

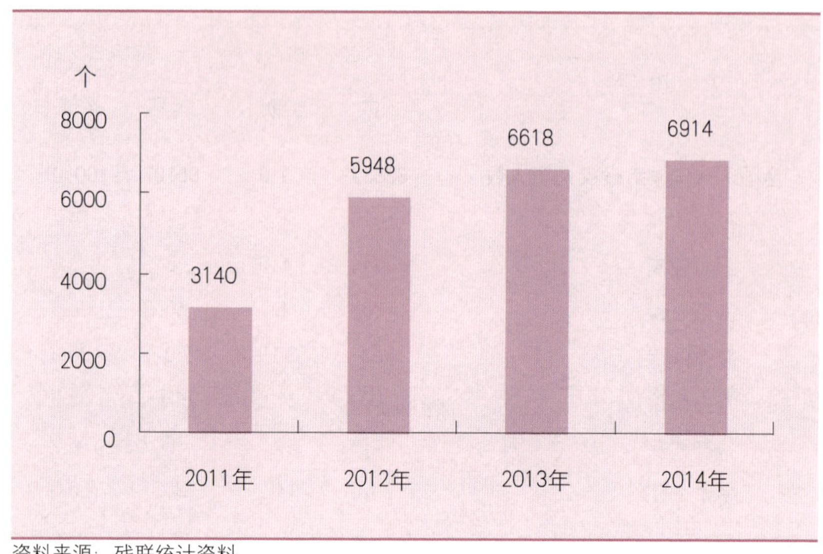

资料来源：残联统计资料。

图 5.4 残疾儿童康复救助项目救助人数

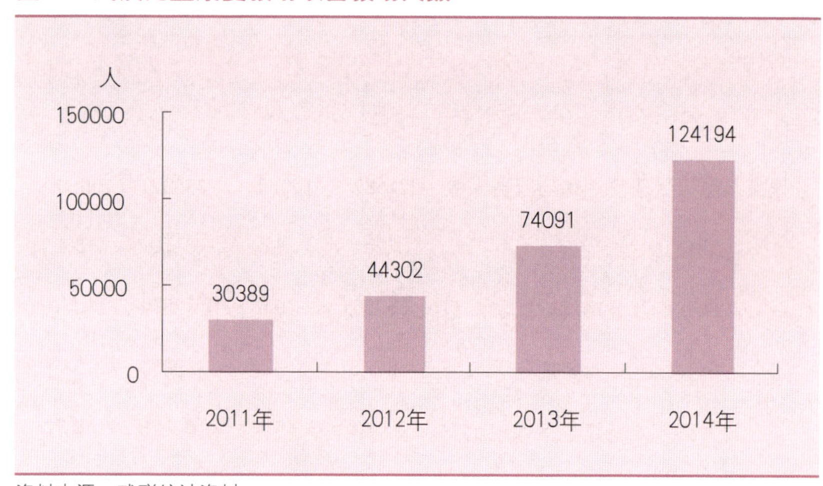

资料来源：残联统计资料。

注：2011-2012 年为“七彩梦行动计划”项目中央财政专项资金救助的残疾儿童，2013 年还包含有其他中央财政专项资金救助项目的数据。

表 5.13 结婚登记情况

年 份	结婚登记总数（万对）	内地居民	涉外及华侨港澳台居民	结婚登记人数（万人）
2010	1241.0	1236.1	4.9	2482.0
2011	1302.4	1297.5	4.9	2604.8
2012	1323.6	1318.3	5.3	2647.2
2013	1346.9	1341.4	5.5	2693.8
2014	1306.7	1302.0	4.7	2613.5

资料来源：民政部统计资料。

表 5.14 结婚登记人口婚姻状况

年 份	初婚（万人）	再婚（万人）	# 女	# 复婚（万对）
2010	2200.9	281.1	138.8	19.0
2011	2309.9	294.9	146.5	21.0
2012	2361.2	286.0	145.8	23.0
2013	2386.0	307.9	156.5	29.9
2014	2286.8	326.7	168.7	34.8

资料来源：民政部统计资料。

表 5.15 离婚情况

年 份	离婚总数（万对）	民政部门登记离婚数	内地居民	涉外及华侨港澳台居民（对）	法院办理离婚数
2010	267.8	201.0	200.4	5783	66.8
2011	287.4	220.7	220.2	5761	66.7
2012	310.4	242.3	241.7	6161	68.1
2013	350.0	281.5	280.9	6538	68.5
2014	363.9	296.0	295.1	6714	67.9

资料来源：民政部统计资料。

图 5.5 粗结婚率和粗离婚率

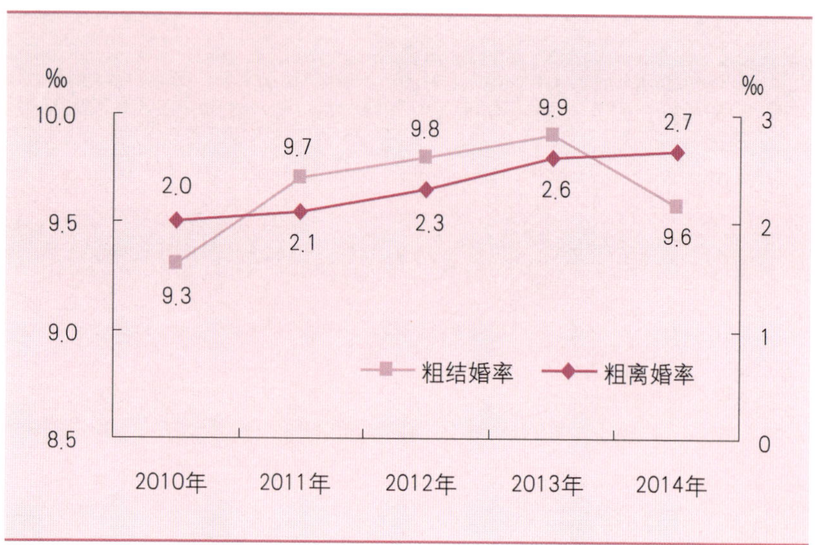

资料来源：民政部统计资料。

六、社会参与

表 6.1 历届全国人民代表大会代表人数及性别构成

届别及召开年份	人数（人）	#女	性别构成（%）	
			男	女
第一届（1954）	1226	147	88.0	12.0
第二届（1959）	1226	150	87.8	12.2
第三届（1964）	3040	542	82.2	17.8
第四届（1975）	2885	653	77.4	22.6
第五届（1978）	3497	740	78.8	21.2
第六届（1983）	2978	632	78.8	21.2
第七届（1988）	2970	634	78.7	21.3
第八届（1993）	2978	626	79.0	21.0
第九届（1998）	2979	650	78.2	21.8
第十届（2003）	2984	604	79.8	20.2
第十一届（2008）	2987	637	78.7	21.3
第十二届（2013）	2987	699	76.6	23.4

资料来源：全国人大统计资料。

图 6.1 第九至十二届全国人民代表大会女常委比例

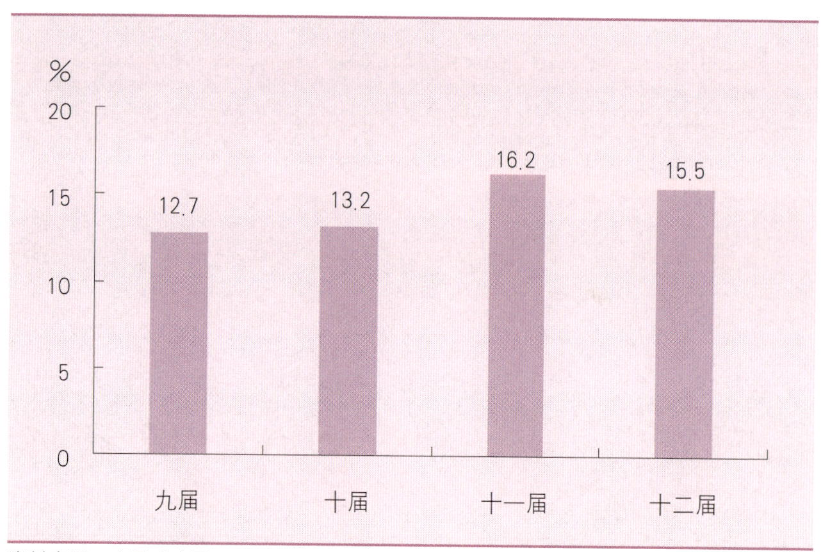

资料来源：中国政府网。

表 6.2 历届全国政协委员人数及性别构成

届别及召开年份	人数（人）	# 女	性别构成（%）	
			男	女
第一届（1954）	198	12	93.9	6.1
第二届（1959）	729	83	88.6	11.4
第三届（1964）	1071	87	91.9	8.1
第四届（1975）	1199	107	91.1	8.9
第五届（1978）	1988	293	85.3	14.7
第六届（1983）	2039	281	86.2	13.8
第七届（1988）	2083	303	85.5	14.5
第八届（1993）	2093	287	90.8	13.7
第九届（1998）	2196	341	84.5	15.5
第十届（2003）	2238	373	83.2	16.7
第十一届（2008）	2237	395	82.3	17.7
第十二届（2013）	2237	399	82.2	17.8

资料来源：全国政协统计资料。

图 6.2 第九至十二届全国政协女常委比例

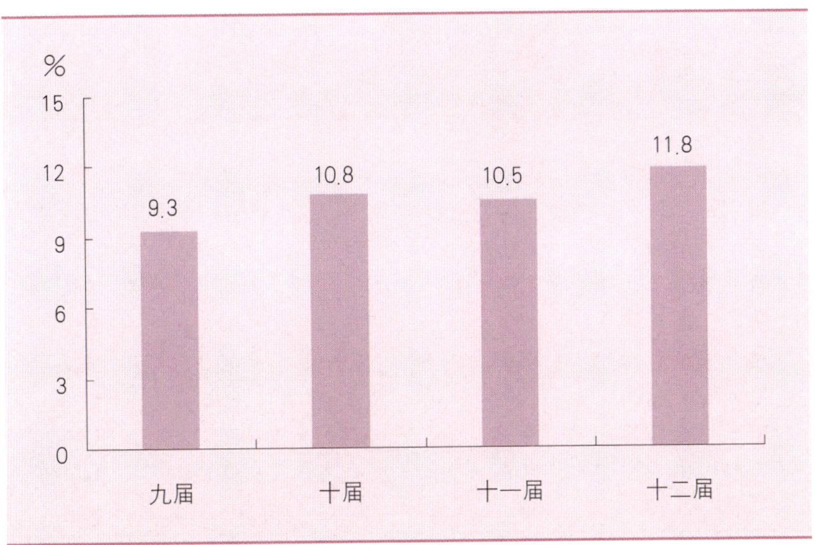

资料来源：全国政协统计资料。

表 6.3 中国共产党代表大会中央委员会委员人数及性别构成

届别及召开年份	中央委员（人）	#女	性别构成（%）	
			男	女
第八届（1956）	97	4	95.9	4.1
第九届（1969）	170	13	92.4	7.6
第十届（1973）	195	20	89.7	10.3
第十一届（1977）	201	14	93.0	7.0
第十二届（1982）	210	11	94.8	5.2
第十三届（1987）	175	10	94.3	5.7
第十四届（1992）	189	12	93.7	6.3
第十五届（1997）	193	8	95.9	4.1
第十六届（2002）	198	5	97.5	2.5
第十七届（2007）	204	13	93.6	6.4
第十八届（2012）	205	10	95.1	4.9

资料来源：人民网。

表 6.3 续

届别及召开年份	候补中央委员（人）	#女	性别构成（%）	
			男	女
第八届（1956）	73	4	94.5	5.5
第九届（1969）	109	10	90.8	9.2
第十届（1973）	124	21	83.1	16.9
第十一届（1977）	132	24	81.8	18.2
第十二届（1982）	138	13	90.6	9.4
第十三届（1987）	110	12	89.1	10.9
第十四届（1992）	130	12	90.8	9.2
第十五届（1997）	151	17	88.7	11.3
第十六届（2002）	158	22	86.1	13.9
第十七届（2007）	167	24	85.6	14.4
第十八届（2012）	171	23	86.5	13.5

表 6.4 中国共产党代表大会中央纪律委员会委员人数及性别构成

届别及召开年份	人数（人）	#女	性别构成（%）	
			男	女
第十二届（1982）	132	13	90.2	9.8
第十三届（1987）	69	8	88.4	11.6
第十四届（1992）	108	9	91.7	8.3
第十五届（1997）	115	14	87.8	12.2
第十六届（2002）	121	14	88.4	11.6
第十七届（2007）	127	17	86.6	13.4
第十八届（2012）	130	13	90.0	10.0

资料来源：人民网。

图 6.3 中国共产党第十七、十八届代表大会代表性别构成

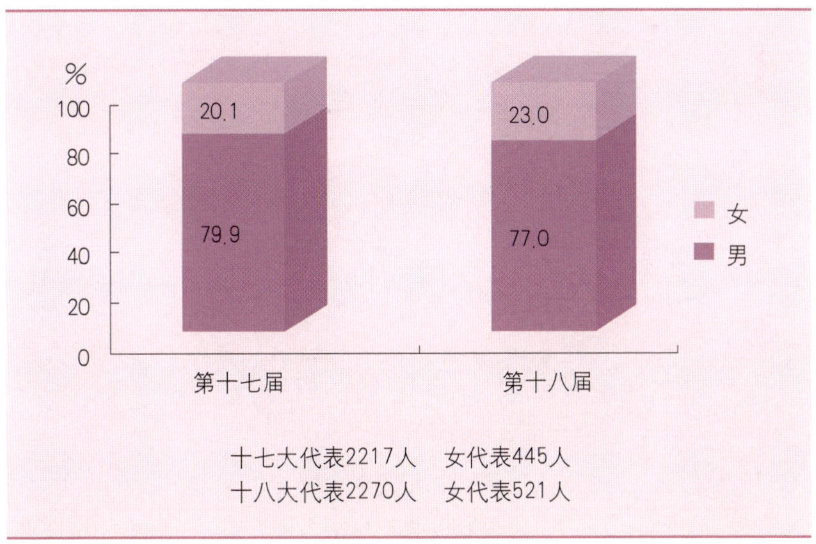

资料来源：人民网。

表 6.5 中国共产党党员人数及性别构成

年 份	人数（万人）	#女	性别构成（%）	
			男	女
2010	8026.9	1803.0	77.5	22.5
2011	8260.2	1925.0	76.7	23.3
2012	8512.7	2026.9	76.2	23.8
2013	8668.6	2109.0	75.7	24.3
2014	8779.3	2167.2	75.3	24.7

资料来源：中组部统计资料。

图 6.4 中国共青团团员人数

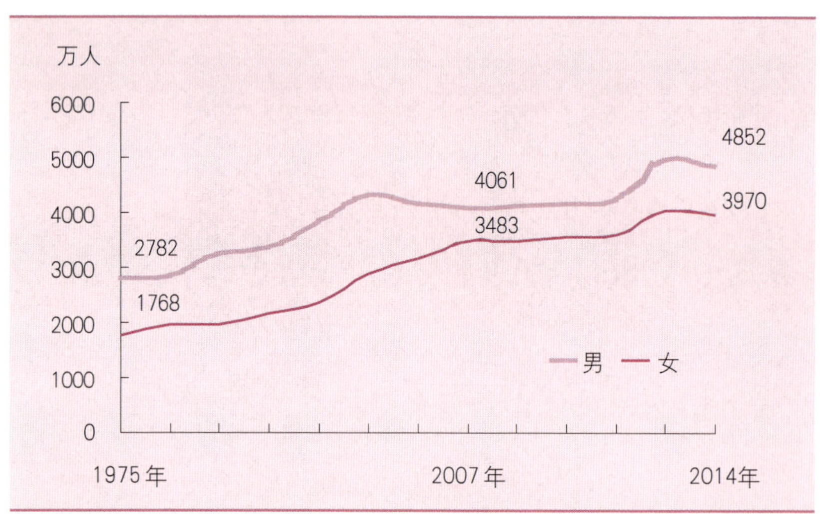

资料来源：1975 及 2007 年数据为共青团中央统计数据，2014 年男女人数为根据共青团中央公布的共青团团员总人数推算。

表 6.6 2013 年各民主党派人数及性别构成

党派	人数（万人）	# 女	性别构成（%）	
			男	女
中国国民党革命委员会	11.0	4.1	62.7	37.3
中国民主同盟	24.7	10.6	57.1	42.9
中国民主建国会	15.1	5.2	65.6	34.4
中国民主促进会	14.0	6.8	51.4	48.6
中国农工民主党	13.6	6.8	50.0	50.0
中国致公党	4.3	2.0	53.5	46.5
九三学社	14.3	5.7	60.1	39.9
台湾民主自治同盟	0.3	0.1	52.0	48.0

表 6.7 2013 年各民主党派中央委员数及性别构成

党派	人数（人）	# 女	性别构成（%）	
			男	女
中国国民党革命委员会	225	52	76.9	23.1
中国民主同盟	282	65	77.0	23.0
中国民主建国会	215	41	80.9	19.1
中国民主促进会	205	50	75.6	24.4
中国农工民主党	214	40	81.3	18.7
中国致公党	118	29	75.4	24.6
九三学社	240	46	80.8	19.2
台湾民主自治同盟	68	29	57.4	42.6

注：此表数据为 2012 年换届后人数。

表 6.8 工会会员人数及性别构成

年 份	工会会员（万人）	# 女	性别构成（%）	
			男	女
2010	23996.5	8871.5	63.0	37.0
2011	25885.1	9763.6	62.3	37.7
2012	28021.3	10611.0	62.1	37.9
2013	28786.9	10886.0	62.2	37.8
2014	28811.8	10977.7	61.9	38.1

资料来源：全国总工会统计资料。

表 6.9 职工代表人数及性别构成

年 份	职工代表数（万人）	# 女	性别构成（%）	
			男	女
2010	1449.7	442.3	69.5	30.5
2011	1638.9	505.4	69.2	30.8
2012	2198.3	654.0	70.2	29.8
2013	2284.3	662.0	71.0	29.0
2014	2386.0	698.4	70.7	29.3

资料来源：全国总工会统计资料。

表 6.10 企业职工代表大会、董事会、监事会中女性代表比重

单位：%

年　份	企业职工代表大会中女性代表比重	企业董事会中女职工董事占职工董事比重	企业监事会中女职工监事占职工监事比重
2010	29.0	32.7	35.2
2011	29.2	31.6	35.6
2012	28.4	26.4	27.0
2013	27.7	29.1	29.2
2014	28.0	40.1	41.5

资料来源：全国总工会统计资料。

表 6.11 社会组织中女性比例

单位：%

年　份	社会团体单位成员中女性比重	民办非企业单位成员中女性比重	基金会单位成员中女性比重
2010	20.4	36.5	29.9
2011	17.5	36.5	31.4
2012	22.3	37.8	30.7
2013	22.5	38.4	27.9
2014	21.8	38.6	26.6

资料来源：民政部统计资料。

表 6.12 基层群众组织中女性比重

单位：%

年 份	居民委员会		村民委员会	
	成员	主任	成员	主任
2010	49.6	43.5	21.4	10.4
2011	49.4	43.1	22.0	11.2
2012	48.8	41.4	22.1	11.7
2013	48.4	41.5	22.7	11.9
2014	48.4	41.0	22.8	12.3

资料来源：民政部统计资料。

表 6.13 新闻出版系统编辑、记者人数

年 份	编辑（人）		记者（万人）	
	人数	# 女	人数	# 女
2010	41948	20367	21.7	9.2
2011	46065	22996	23.6	10.1
2012	53000	27180	25.1	10.9
2013	54698	28342	25.7	11.4
2014	54774	28844	25.8	11.4

资料来源：国家新闻出版广电总局统计资料。

七、科技

表 7.1 2014 年中国两院院士人数及性别构成

学部	人数(人)	#女	性别构成(%)	
			男	女
中国科学院院士	**730**	**41**	**94.38**	**5.62**
数学物理学部	139	8	94.24	5.76
化学部	125	7	94.40	5.60
生命科学和医学学部	131	14	89.31	10.69
地学部	122	6	95.08	4.92
信息技术科学部	85	3	96.47	3.53
技术科学部	128	3	97.66	2.34
中国工程院院士	**787**	**38**	**95.17**	**4.83**
机械与运载工程学部	115	2	98.26	1.74
信息与电子工程学部	113	3	97.35	2.65
化工、冶金与材料工程学部	98	4	95.92	4.08
能源与矿业工程学部	105	1	99.05	0.95
土木、水利与建筑工程学部	103	3	97.09	2.91
环境与轻纺工程学部	46	5	89.13	10.87
农业学部	72	3	95.83	4.17
医药卫生学部	112	17	84.82	15.18
工程管理学部	49	1	97.96	2.04

资料来源：《2015 中国科技统计年鉴》。

注：1. 工程管理学部 49 名院士中 26 人为跨学部院士，其中含 1 位女院士。

2. 本表数据不含外籍院士。

图 7.1 2014 年中国科学院女院士学部分布情况（%）

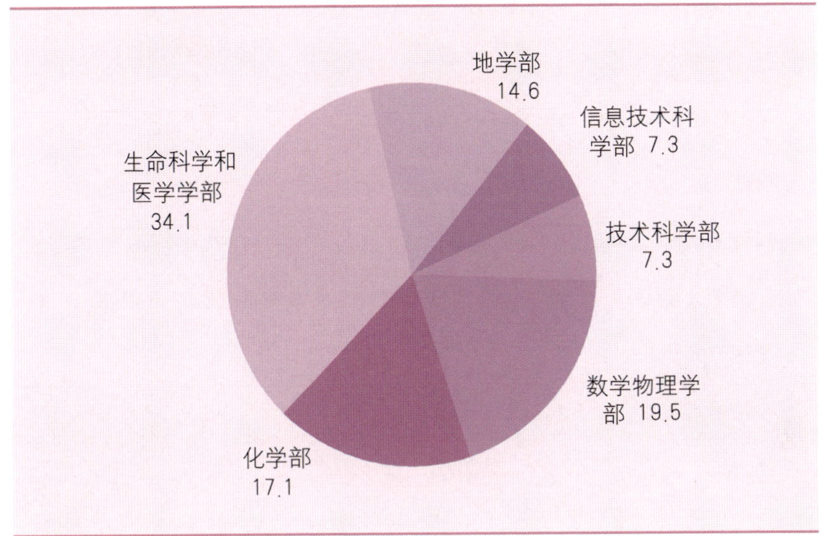

资料来源：《2015 中国科技统计年鉴》。

图 7.2 2014 年中国工程院女院士学部分布情况（%）

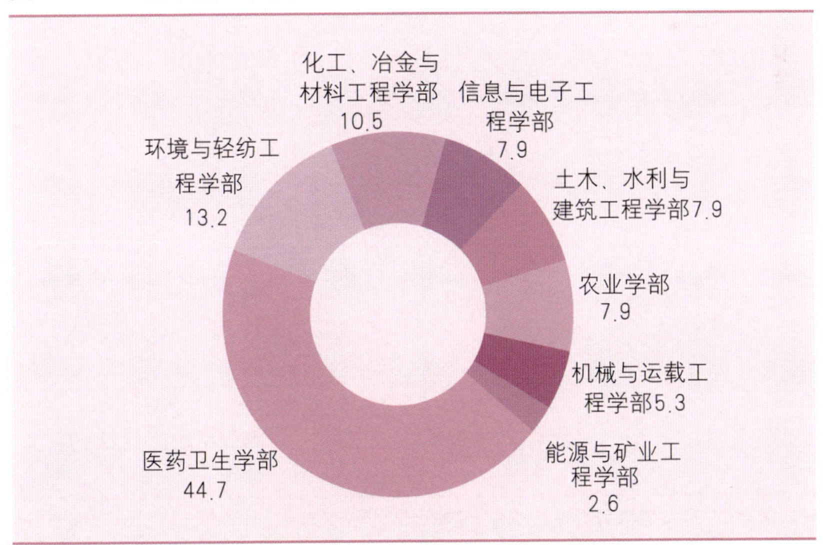

资料来源：《2015 中国科技统计年鉴》。

表 7.2 2014 年按专业技术类别分组的专业技术人员人数及性别构成

类别	人数（万人）	#女	性别构成（%）	
			男	女
总计	**3061.1**	**1423.6**	**53.5**	**46.5**
工程技术人员	634.1	148.4	76.6	23.4
农业技术人员	72.9	23.0	68.5	31.5
科学研究人员	43.9	14.6	66.8	33.2
卫生技术人员	429.5	264.1	38.5	61.5
教学人员	1287.2	686.7	46.7	53.3
经济人员	306.6	139.7	54.4	45.6
会计人员	130.6	78.4	40.0	60.0
统计人员	13.4	7.4	45.2	54.8
翻译人员	2.4	1.4	43.0	57.0
图书档案、文博人员	25.1	16.2	35.6	64.4
新闻、出版人员	21.8	10.2	53.3	46.7
律师、公证人员	1.9	0.8	57.8	42.2
播音人员	2.0	1.2	40.4	59.6
工艺美术人员	1.6	0.6	61.8	38.2
体育人员	4.9	1.5	69.2	30.8
艺术人员	13.4	5.8	56.7	43.3
政工人员	69.6	23.6	66.1	33.9

资料来源：人力资源和社会保障部统计资料。

注：本表中专业技术人员指公有制经济单位（包括国有和集体两部分）专业技术人员。下同。

表 7.2 续 1

类 别	事业单位(万人)	# 女	性别构成(%)	
			男	女
总 计	**2077.6**	**1082.1**	**47.9**	**52.1**
工程技术人员	152.9	45.6	70.1	29.9
农业技术人员	64.6	21.3	67.0	33.0
科学研究人员	33.1	11.6	65.0	35.0
卫生技术人员	404.1	247.9	38.6	61.4
教学人员	1277.5	680.9	46.7	53.3
经济人员	29.6	13.7	53.7	46.3
会计人员	33.3	21.1	36.5	63.5
统计人员	5.4	2.7	49.5	50.5
翻译人员	0.8	0.4	40.9	59.1
图书档案、文博人员	21.4	13.3	38.1	61.9
新闻、出版人员	16.4	7.3	55.4	44.6
律师、公证人员	1.0	0.4	57.8	42.2
播音人员	1.9	1.1	40.2	59.8
工艺美术人员	0.9	0.3	68.1	31.9
体育人员	4.7	1.5	68.7	31.3
艺术人员	11.5	5.0	56.6	43.4
政工人员	18.6	7.9	57.7	42.3

表 7.2 续 2

类别	企业单位（万人）	# 女	性别构成（%）	
			男	女
总计	**983.5**	**341.5**	**65.3**	**34.7**
工程技术人员	481.2	102.7	78.7	21.3
农业技术人员	8.3	1.7	79.6	20.4
科学研究人员	10.8	3.0	72.3	27.7
卫生技术人员	25.4	16.2	36.1	63.9
教学人员	9.7	5.8	40.4	59.6
经济人员	277.0	126.0	54.5	45.5
会计人员	97.4	57.3	41.2	58.8
统计人员	8.0	4.6	42.3	57.7
翻译人员	1.7	0.9	43.9	56.1
图书档案、文博人员	3.7	2.9	21.7	78.3
新闻、出版人员	5.4	2.9	47.0	53.0
律师、公证人员	0.9	0.4	57.8	42.2
播音人员	0.1	0.1	43.8	56.2
工艺美术人员	0.7	0.3	53.8	46.2
体育人员	0.2	…	82.3	17.7
艺术人员	2.0	0.8	57.1	42.9
政工人员	51.0	15.7	69.1	30.9

表 7.3 2014 年按专业技术职务分组的专业技术人员人数及性别构成

专业技术职务	总人数（万人）	# 女	性别构成 (%)	
			男	女
总 计	**3061.1**	**1423.6**	**53.5**	**46.5**
高级职务	384.7	141.2	63.3	36.7
# 正高级职务	36.3	11.2	69.0	31.0
中级职务	1145.2	539.3	52.9	47.1
初级职务	1236.5	616.3	50.2	49.8
未聘任专业技术职务	294.7	126.9	57.0	43.0

资料来源：人力资源和社会保障部统计资料。

表 7.4 研究与试验发展（R&D）人员及性别构成

年 份	R&D 人员 (万人)	# 女	性别构成 (%)	
			男	女
2010	354.2	89.4	74.8	25.2
2011	401.8	101.7	74.7	25.3
2012	461.7	115.4	75.0	25.0
2013	501.8	125.0	75.1	24.9
2014	535.1	130.7	75.6	24.4

资料来源：中国科技统计年鉴。

注：研究与试验发展，即 R&D，指在科学技术领域，为增加知识总量、以及运用这些知识去创造新的应用而进行的系统的、创造性的活动，包括基础研究、应用研究、试验发展三类活动。国际上通常采用 R&D 活动的规模和强度指标反映一国的科技实力和核心竞争力。

表 7.5 2014 年按执行部门分 R&D 人员及性别构成

执行部门	R&D 人员（万人）	# 女	性别构成（%） 男	女
总 计	**535.1**	**130.7**	**75.6**	**24.4**
企业	398.2	78.9	80.2	19.8
# 规上工业企业	363.3	71.7	80.3	19.7
研究与开发机构	42.3	13.9	67.2	32.8
高等学校	76.3	30.5	60.0	40.0
其他	18.4	7.3	60.2	39.8

资料来源：《2015 中国科技统计年鉴》。

图 7.3 2014 年女性 R&D 人员执行部门分布情况（%）

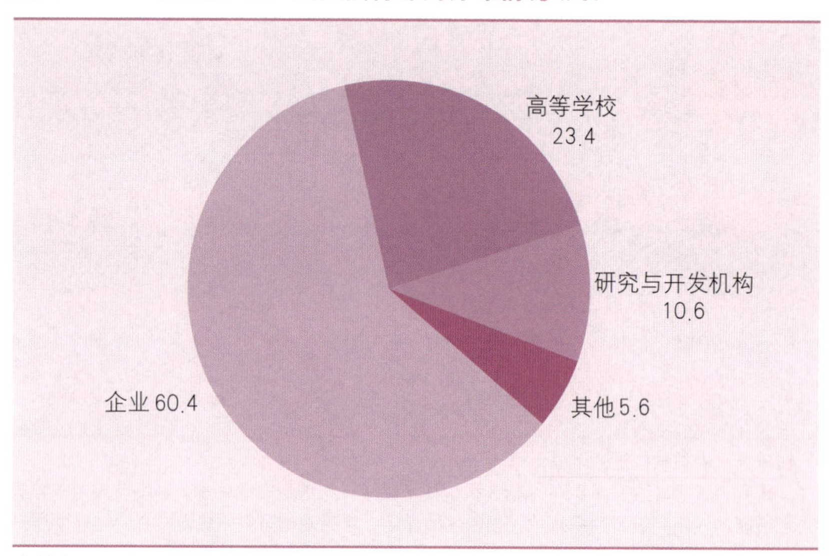

资料来源：《2015 中国科技统计年鉴》。

表 7.6 2014 年按东中西部分 R&D 人员及性别构成

地 区	R&D 人员（万人）	# 女	性别构成（%）	
			男	女
总 计	**535.1**	**130.7**	**75.6**	**24.4**
东部地区	332.5	78.7	76.3	23.7
中部地区	96.4	21.4	77.8	22.2
西部地区	73.4	20.6	72.0	28.0
东北地区	32.8	9.9	69.8	30.2

资料来源：《2015 中国科技统计年鉴》。

图 7.4 2014 年女性 R&D 人员东中西部分布情况（%）

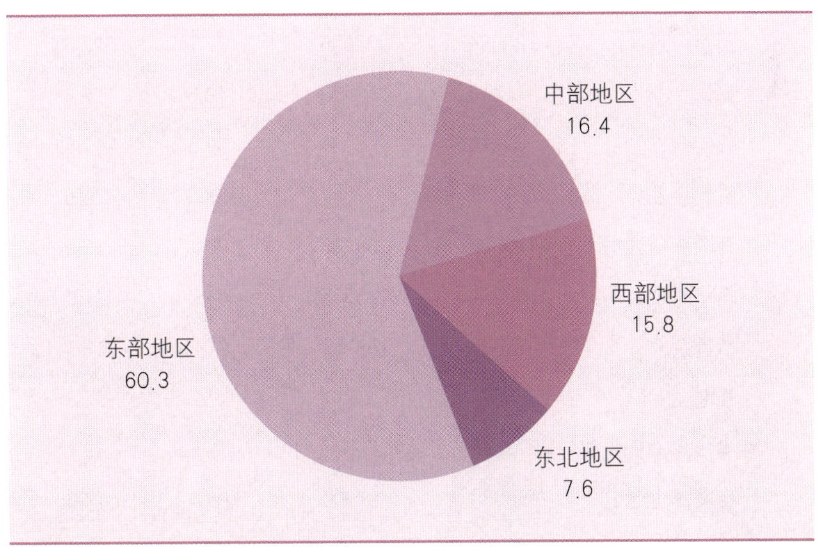

资料来源：《2015 中国科技统计年鉴》。

表 7.7 2014 年规模以上工业企业 R&D 人员及性别构成

组 别	R&D 人员（人）	#女	性别构成（%）	
			男	女
总 计	**3632627**	**717231**	**80.3**	**19.7**
按企业规模分				
#大型企业	1802954	370892	79.4	20.6
中型企业	950686	190343	80.0	20.0
按地区分				
东部地区	2376699	467390	80.3	19.7
中部地区	675030	122411	81.9	18.1
西部地区	396521	85667	78.4	21.6
东北地区	184377	41763	77.3	22.7
按登记注册类型分				
内资企业	2793393	550049	80.3	19.7
国有企业	120884	26996	77.7	22.3
集体企业	11416	2438	78.6	21.4
股份合作企业	4210	738	82.5	17.5
联营企业	1779	367	79.4	20.6
有限责任公司	1179930	234338	80.1	19.9
股份有限公司	598344	125805	79.0	21.0
私营企业	871486	158150	81.9	18.1
其他企业	5344	1217	77.2	22.8
港澳台商投资企业	372545	75877	79.6	20.4
外商投资企业	466689	91305	80.4	19.6

资料来源：《2015 中国科技统计年鉴》。

表 7.8 2014 年研究与开发机构 R&D 人员及性别构成

组 别	R&D 人员（人）	# 女	性别构成（%）	
			男	女
总 计	**423079**	**138819**	**67.2**	**32.8**
按地区分				
东部地区	229577	79304	65.5	34.5
中部地区	60890	17413	71.4	28.6
西部地区	100918	32353	67.9	32.1
东北地区	31694	9749	69.2	30.8
按隶属关系分				
中央部门属	329807	102771	68.8	31.2
# 中国科学院	92375	31928	65.4	34.6
地方部门属	93272	36048	61.4	38.6
省级部门属	72348	28821	60.2	39.8
副省级城市部门属	3091	1182	61.8	38.2
地市级部门属	17833	6045	66.1	33.9
按门类科学分				
自然科学	78148	27401	64.9	35.1
农业科学	53833	18829	65.0	35.0
医药科学	27011	14363	46.8	53.2
工程与技术科学	247570	71197	71.2	28.8
人文与社会科学	16517	7029	57.4	42.6

资料来源：《2015 中国科技统计年鉴》。

表 7.9 2014 年高等学校 R&D 人员及性别构成

组 别	R&D 人员（人）	#女	性别构成（%）	
			男	女
总 计	**762794**	**305306**	**60. 0**	**40. 0**
按学科分				
理工农医类	369053	112110	69.6	30.4
人文社科类	393741	193196	50.9	49.1
按地区分				
东部地区	369096	147601	60.0	40.0
中部地区	136854	51404	62.4	37.6
西部地区	164157	65345	60.2	39.8
东北地区	92687	40956	55.8	44.2

资料来源：《2015 中国科技统计年鉴》。

图 7.5 2014 年高等学校女性 R&D 人员学科分布情况（%）

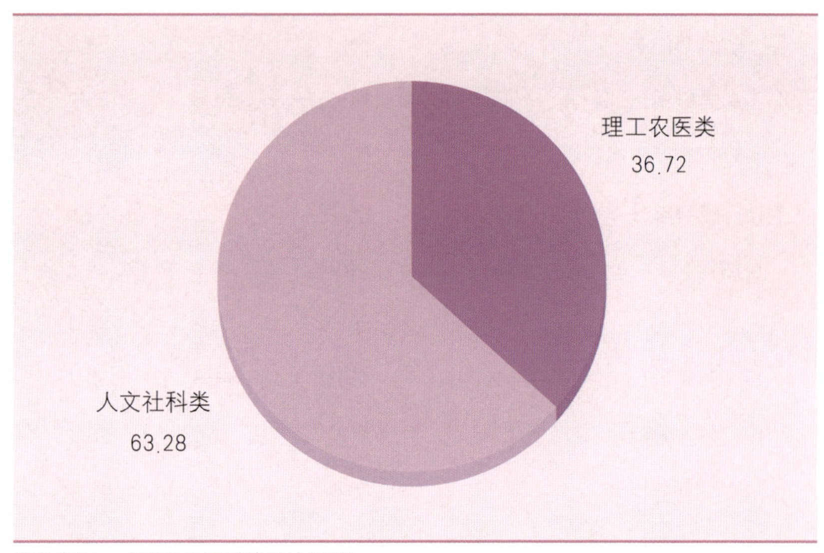

资料来源：《2015 中国科技统计年鉴》。

表 7.10 科协有关人员情况

年 份	各级科协从业人员（万人）	#女	全国学会理事会理事（人）	#女	全国学会在册个人会员数（万人）	#女
2010	3.7	1.4	26866	3019	411.4	79.4
2011	3.9	1.4	31680	3739	427.8	95.5
2012	3.9	1.5	32791	4085	433.0	96.4
2013	3.9	1.5	33553	4268	437.0	98.4
2014	3.9	1.5	34146	4329	436.9	101.8

资料来源：中国科协统计资料。

表 7.11 受表彰奖励科技人员人数及性别构成

年 份	受表彰奖励人数（人）	#女	性别构成（%）	
			男	女
2010	90354	25182	72.1	27.9
2011	117407	32167	72.6	27.4
2012	126152	36220	71.3	28.7
2013	125721	37306	70.3	29.7
2014	108211	33732	68.8	31.2

资料来源：中国科协统计资料。

表 7.12 青少年科技教育普及情况

项　目	单位	2013 年	2014 年
举办少儿科技竞赛	次	11382	11415
参加人数	万人次	4400	4362
举办少儿科技教育培训	次	20653	21130
参加人数	万人次	593	546
举办青少年科学营	次	2710	2945
参加人数	万人次	38	39

资料来源：中国科协统计资料。

图 7.6 少儿参观科技馆人次数

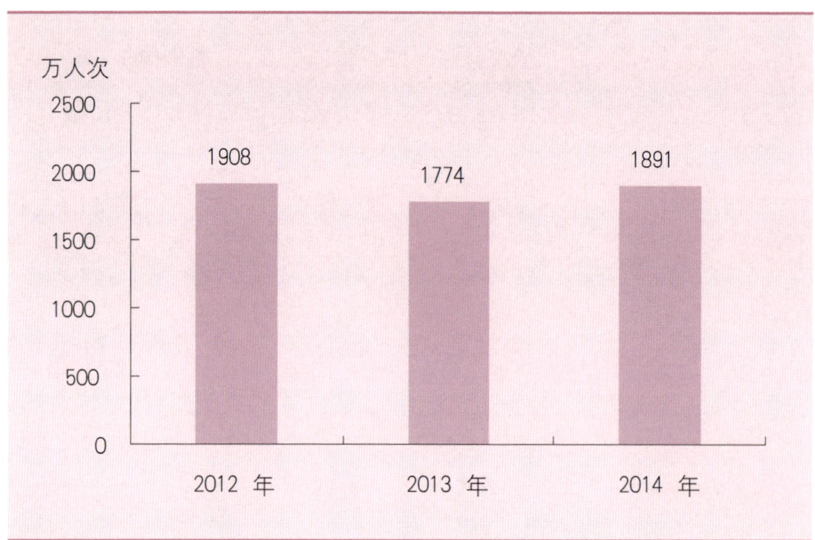

资料来源：中国科协统计资料。

八、体育

表 8.1 2014 年分等级教练员发展人数及性别构成

等　级	人　数（人）	# 女	性别构成（%）	
			男	女
总　计	**1648**	**475**	**71.2**	**28.8**
国家级	35	10	71.4	28.6
高级	293	81	72.4	27.6
一级	512	137	73.2	26.8
二级	554	167	69.9	30.1
三级	254	80	68.5	31.5

资料来源：国家体育总局统计资料。

表 8.2 2014 年分技术等级运动员发展人数及性别构成

技术等级	人　数（人）	# 女	性别构成（%）	
			男	女
总　计	**45141**	**16667**	**63.1**	**36.9**
国际级运动健将	127	62	51.2	48.8
运动健将	910	395	56.6	43.4
一级运动员	11410	5030	55.9	44.1
二级运动员	32694	11180	65.8	34.2

资料来源：国家体育总局统计资料。

表 8.3 2014 年分项目运动员发展人数及性别构成

项 目	人 数（人）	# 女	性别构成（%）	
			男	女
总计	**45141**	**16667**	**63.1**	**36.9**
田径	6937	2224	67.9	32.1
游泳	2921	1291	55.8	44.2
跳水	156	83	46.8	53.2
水球	86	33	61.6	38.4
花样游泳	81	81		100.0
体操	332	166	50.0	50.0
艺术体操	273	273		100.0
蹦床	56	23	58.9	41.1
举重	354	149	57.9	42.1
拳击	986	180	81.7	18.3
摔跤	1132	289	74.5	25.5
中国式摔跤	723	163	77.5	22.5
柔道	947	375	60.4	39.6
跆拳道	1497	606	59.5	40.5
自行车	246	107	56.5	43.5
击剑	364	158	56.6	43.4
马术	7	2	71.4	28.6
现代五项	15	10	33.3	66.7
射击	760	366	51.8	48.2
射箭	188	80	57.4	42.6
赛艇	601	273	54.6	45.4
皮划艇	369	82	77.8	22.2
帆船	107	50	53.3	46.7
帆板	61	27	55.7	44.3
足球	4887	1571	67.9	32.1
篮球	5608	1938	65.4	34.6
排球	3008	1369	54.5	45.5
沙滩排球	118	59	50.0	50.0
乒乓球	2713	1153	57.5	42.5
羽毛球	1418	619	56.3	43.7
网球	1312	471	64.1	35.9
手球	695	309	55.5	44.5
曲棍球	267	163	39.0	61.0

资料来源：国家体育总局统计资料。

表 8.3 续

项目	人数（人）	# 女	性别构成（%） 男	女
棒球	239	3	98.7	1.3
垒球	130	130		100.0
速度滑冰	163	52	68.1	31.9
短道速滑	84	30	64.3	35.7
花样滑冰	19	16	15.8	84.2
冰球	40	25	37.5	62.5
冰壶	56	28	50.0	50.0
高山滑雪	9	1	88.9	11.1
越野滑雪	22	5	77.3	22.7
跳台滑雪	2	2		100.0
自由式滑雪	26	8	69.2	30.8
单板滑雪	19	8	57.9	42.1
冬季两项	1	1		100.0
技巧	121	66	45.5	54.5
软式网球	22	8	63.6	36.4
武术	2896	742	74.4	25.6
滑水	11	4	63.6	36.4
蹼泳	18	11	38.9	61.1
围棋	380	91	76.1	23.9
国际象棋	191	76	60.2	39.8
象棋	163	70	57.1	42.9
登山	22	6	72.7	27.3
攀岩	36	16	55.6	44.4
高尔夫球	38	13	65.8	34.2
橄榄球	215	86	60.0	40.0
车辆模型	28	6	78.6	21.4
航海模型	39	9	76.9	23.1
航空模型	83	13	84.3	15.7
跳伞	5	2	60.0	40.0
速度轮滑	36	8	77.8	22.2
健美	93	26	72.0	28.0
摩托艇	4	1	75.0	25.0
健美操	603	315	47.8	52.2
五人制足球	68	29	57.4	42.6
无线电测向	32	17	46.9	53.1
铁人三项	2		100.0	

表 8.4 2014 年运动员创世界纪录情况

项 目	项数（项）	人数（人）	#女	队数（个）	#女	次数（次）
总 计	10	5	3	4	2	10
射 击	6	2	1	4	2	6
举 重	3	2	1			3
滑 冰	1	1	1			1

资料来源：国家体育总局统计资料。

表 8.5 2014 年运动员获世界冠军情况

项 目	个数（个）	人数（人）	#女
总 计	98	206	116
游 泳	14	49	36
田 径	1	1	1
羽毛球	4	14	12
拳 击	1	1	1
现代五项	2	5	5
体 操	8	15	4
射 击	15	32	12
乒乓球	4	12	6
网 球	2	2	2
举 重	9	9	6
滑 冰	6	9	8
潜 水	8	11	11
技 巧	1	4	
掷 球	2	3	3
台 球	2	6	3
航空模型	3	7	
航海模型	3	3	
围 棋	1	1	
国际象棋	1	5	
桥 牌	2	3	2
武 术	7	7	3
门 球	1	7	1

资料来源：国家体育总局统计资料。

表 8.6 2013 年全国各系统体育场地数量及面积情况

系　统	场地数量（万个）	数量占比（%）	场地面积（亿平方米）	面积占比（%）
合　计	**169.46**	**100.00**	**19.92**	**100.00**
体育系统	2.43	1.43	0.95	4.79
教育系统	66.05	38.98	10.56	53.01
高等院校	4.97	2.94	0.82	4.15
中小学	58.49	34.51	9.29	46.61
其他教育系统单位	2.59	1.53	0.45	2.25
军队系统	5.22	3.08	0.43	2.17
其他系统	95.76	56.51	7.98	40.03

资料来源：第六次全国体育场地普查数据公报。

表 8.7 少儿体育运动学校数（业余体校）

单位：个

年　份	合　计	省　级	地　级	县　级
2010	1683	23	415	1245
2011	1552	21	393	1138
2012	1510	22	384	1104
2013	1460	21	310	1129
2014	1463	26	312	1125

资料来源：国家体育总局统计资料。

九、法律保护

图 9.1 2014 年人民检察院检察官性别构成（%）

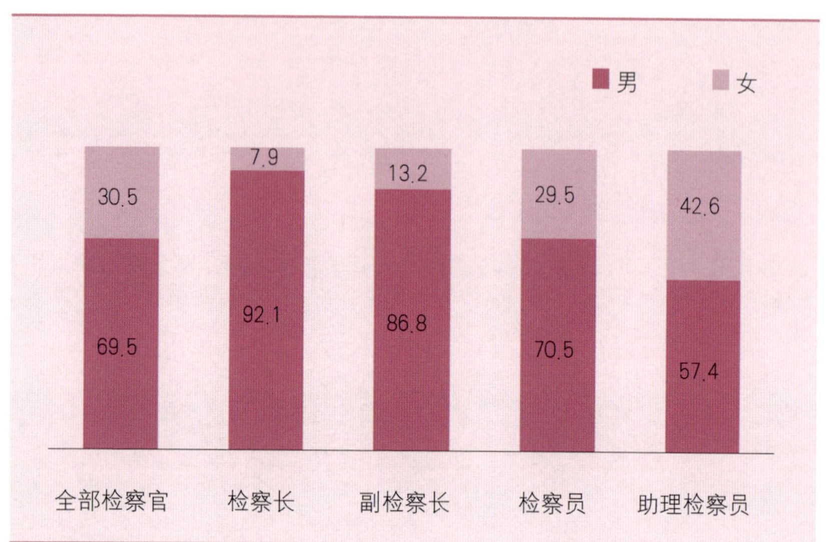

资料来源：最高人民检察院统计资料。

图 9.2 2014 年全国法官及陪审员性别构成（%）

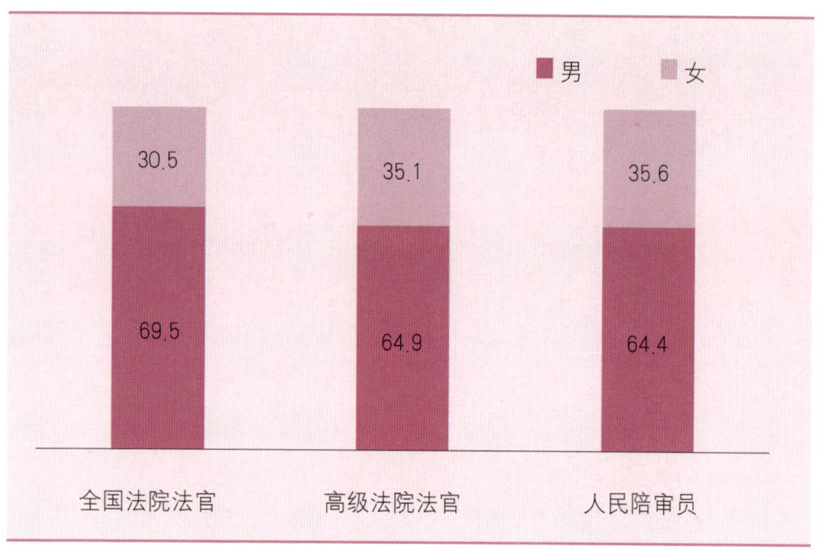

资料来源：最高人民法院统计资料。

表 9.1 全国律师人数及性别构成

年　份	律师人数（万人）	# 女	性别构成（%）	
			男	女
2010	19.5	4.7	75.9	24.1
2011	21.5	5.2	75.8	24.2
2012	23.2	6.2	73.3	26.7
2013	24.9	6.9	72.1	27.9
2014	27.1	7.9	70.7	29.3

资料来源：司法部统计资料。

图 9.3 公安机关实有人数性别构成（%）

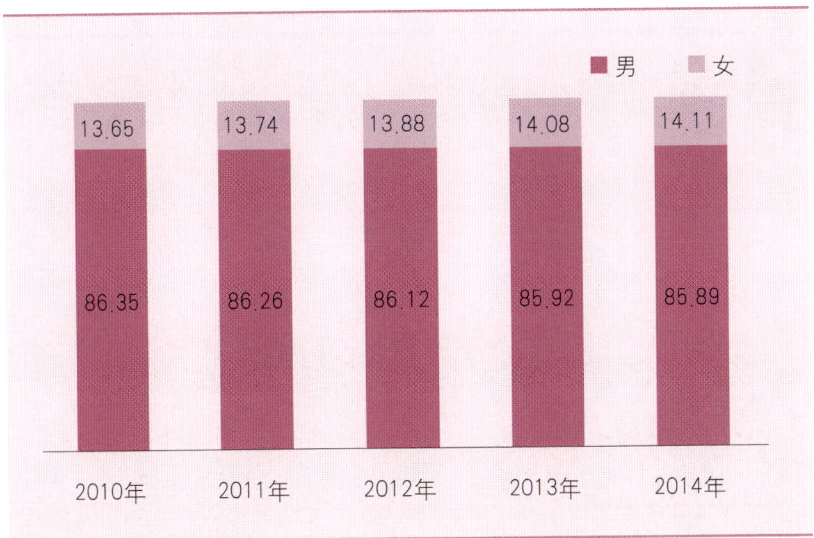

资料来源：公安部统计资料。

表 9.2 公安机关破获各种案件数

单位：起

年 份	破获强奸案件数	破获拐卖妇女案件数	破获拐卖儿童案件数	破获组织、强迫、引诱、容留、介绍妇女等卖淫案件数
2010	30740	3228	2827	15133
2011	31342	3636	2979	14396
2012	26560	4598	3152	11616
2013	25852	4537	2237	11997
2014	25326	1775	1460	12498

资料来源：公安部统计资料。

表 9.3 在押服刑人员基本情况

单位：万人

年 份	年初在押服刑人员	# 女	# 未成年	释放人数	年末在押服刑人员
2005	155.9	7.7	2.4	31.9	156.6
2010	164.7	9.0	1.8	39.1	165.7
2011	165.7	9.3	1.7	40.3	164.2
2012	164.2	9.6	1.5	39.5	165.8

资料来源：中国统计年鉴。

注：未成年指 14–18 岁。

图 9.4 公安机关强奸案件立案数

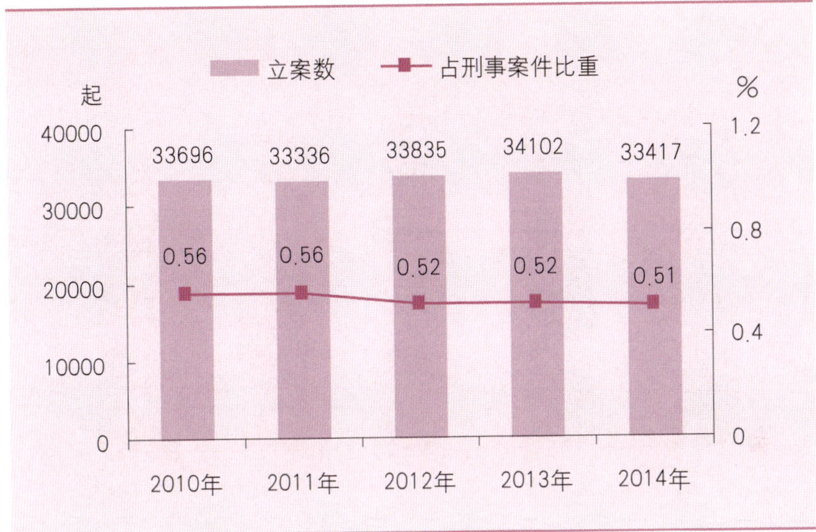

资料来源：公安部统计资料。

图 9.5 公安机关拐卖妇女儿童案件立案数

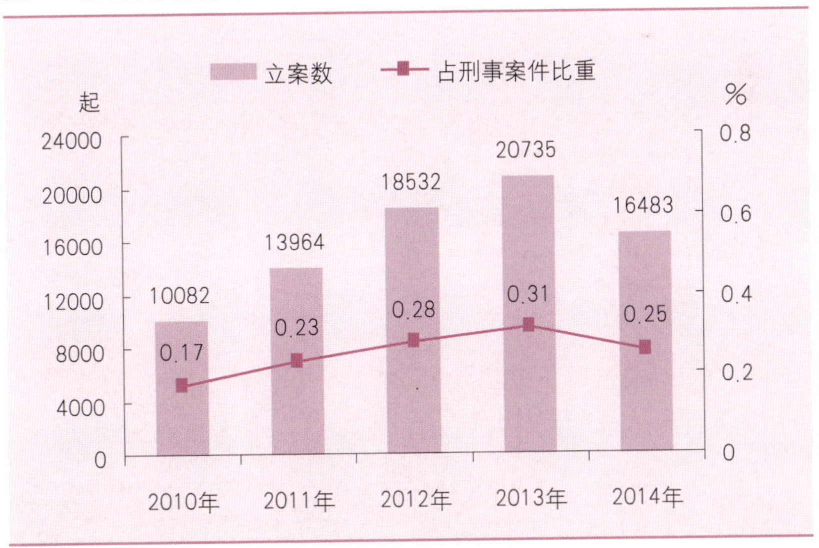

资料来源：公安部统计资料。

图 9.6 刑事犯罪受害人性别构成（%）

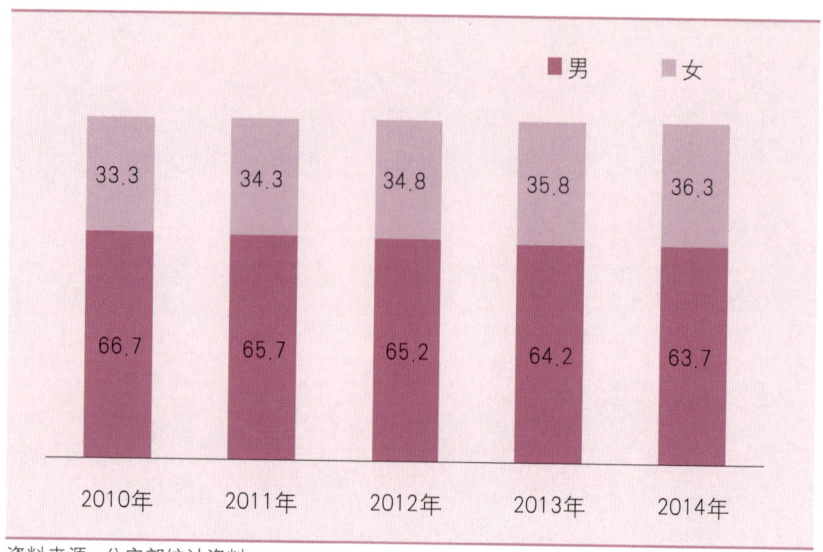

资料来源：公安部统计资料。

图 9.7 刑事犯罪受害人中 14 岁以下儿童所占比重

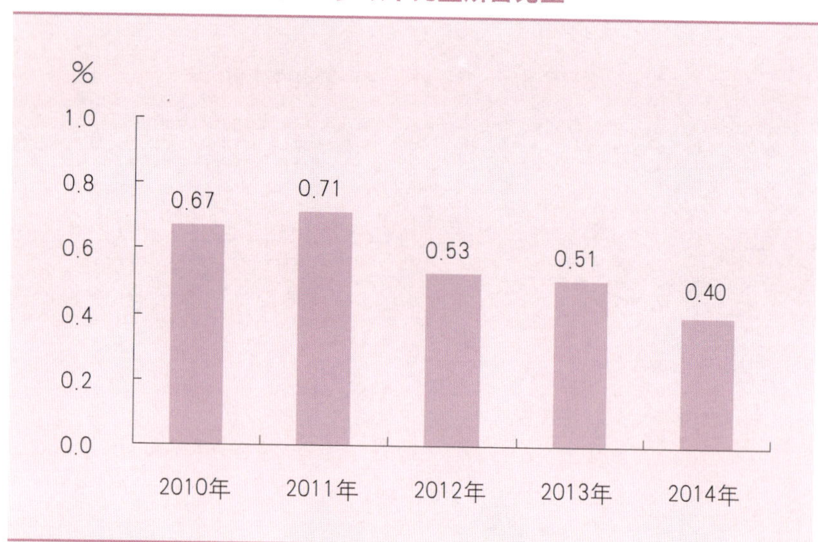

资料来源：公安部统计资料。

图 9.8 青少年作案成员占全部作案人员的比重（14-25 岁）

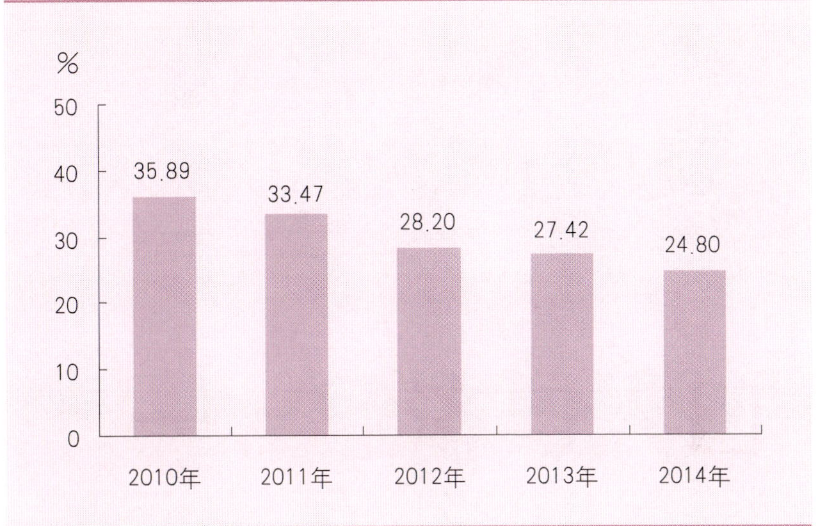

资料来源：公安部统计资料。

表 9.4 审查批捕、起诉未成年人犯罪案件情况

单位：%

年　份	不捕未成年犯罪嫌疑人比例	批捕未成年犯罪嫌疑人比例	不起诉未成年犯罪嫌疑人比例	起诉未成年犯罪嫌疑人比例
2008	10.9	9.3		8.9
2009	9.6	8.1		7.9
2010	9.1	7.5		7.0
2011	9.1	7.0	8.6	6.6
2012	9.0	6.4	8.9	5.7
2013	8.5	5.6	8.8	5.6
2014	7.0	4.7	9.9	4.8

资料来源：最高人民检察院统计资料。

表 9.5 人民法院审理民事案件情况

单位：万件

年　份	离婚案件数	抚育、抚养、赡养案件数
2000	115.5	10.1
2005	95.6	10.4
2010	116.5	11.0
2011	120.7	10.7
2012	125.1	10.5
2013	130.5	10.8
2014	131.9	10.9

资料来源：最高人民法院统计资料。

图 9.9 建立少年法庭数

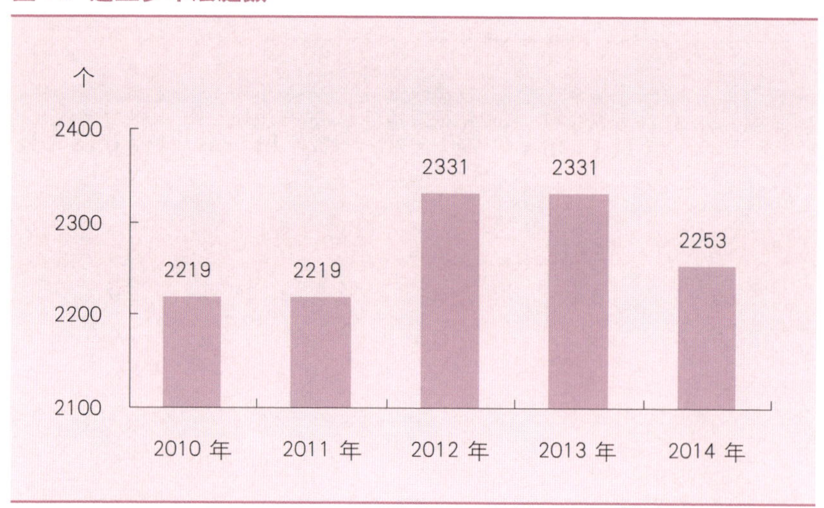

资料来源：最高人民法院统计资料。

注：少年法庭数量不定期统计，2014 年为截至 2014 年 11 月数据。

表 9.6 2014 年全国法院判处女性犯罪案件情况

单位：人，%

罪名	判处犯罪人数	#女	女性所占比例
组织、利用会道门、邪教组织、利用迷信破坏法律实施罪	1994	948	47.54
非法种植毒品原植物罪	572	229	40.03
引诱、容留、介绍卖淫罪	10085	3892	38.59
重婚罪	1099	363	33.03
非法吸收公众存款罪	2676	828	30.94
组织、领导传销活动罪	2712	831	30.64
拐卖妇女、儿童罪	1585	431	27.19
偷越国（边）境罪	855	224	26.20
生产、销售假药罪	4625	1189	25.71
生产、销售有毒、有害食品罪	5451	1364	25.02
销售假冒注册商标的商品罪	2410	554	22.99
协助组织卖淫罪	1409	320	22.71
非法行医罪	1650	372	22.55
组织卖淫罪	2012	442	21.97
非法制造、出售非法制造的发票罪	959	201	20.96
生产、销售不符合安全标准的食品罪	2606	505	19.38
失火罪	3180	576	18.11
伪造、变造、买卖国家机关公文、证件、印章罪	2906	476	16.38
窝藏、包庇罪	1925	315	16.36
信用卡诈骗罪	10121	1638	16.18
走私普通货物、物品罪	1711	271	15.84
非法经营罪	8911	1409	15.81
赌博罪	12442	1817	14.60
诈骗罪	38741	5444	14.05
妨害公务罪	11471	1566	13.65
生产、销售伪劣产品罪	3093	410	13.26
假冒注册商标罪	3003	392	13.05
挪用公款罪	2447	313	12.79
容留他人吸毒罪	17277	2176	12.59
开设赌场罪	30262	3592	11.87
走私、贩卖、运输、制造毒品罪	82986	9612	11.58
虚开增值税专用发票、用于骗取出口退税、抵扣税款发票罪	5137	560	10.90
聚众扰乱社会秩序罪	2403	247	10.28

资料来源：最高人民法院统计资料。

图 9.10 各级人民法院判处犯罪人数中女性所占比例

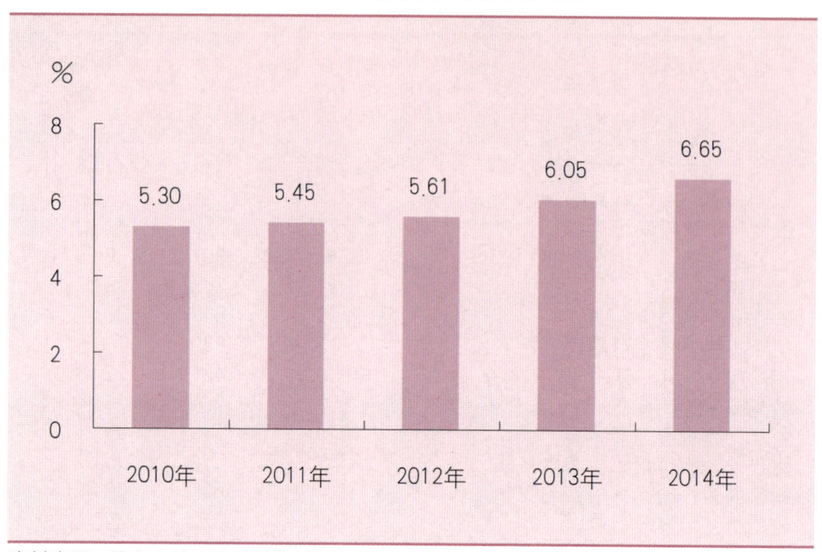

资料来源：最高人民法院统计资料。

表 9.7 各级人民法院判决生效的刑事案件中青少年罪犯所占比重

单位：%

年　份	青少年罪犯占刑事罪犯比重	不满 18 岁	18-25 岁
2010	28.6	6.8	21.8
2011	26.9	6.4	20.5
2012	24.1	5.4	18.7
2013	22.9	4.8	18.1
2014	21.1	4.3	16.8

资料来源：最高人民法院统计资料。

图 9.11 法律援助机构数

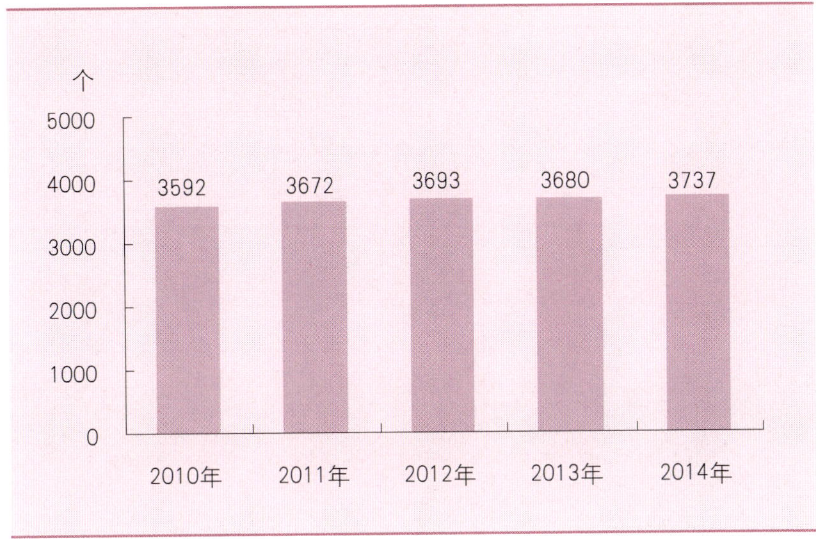

资料来源：司法部统计资料。

表 9.8 获得法律援助的受援人数

年份	受援人数（万人）	# 未成年人	# 女
2010	82.1	8.8	19.6
2011	94.7	8.9	22.3
2012	114.6	9.8	27.3
2013	127.9	15.4	31.8
2014	138.8	15.5	35.2

资料来源：司法部统计资料。

表 9.9 妇联系统为受暴妇女儿童提供救助情况

年　份	救助（庇护）机构数（个）	受救助（庇护）人次（人次）
2010	4534	55533
2011	8629	52433
2012	3740	28894
2013	3450	25208
2014	3011	23262

资料来源：全国妇联统计资料。

图 9.12 妇联系统为妇女儿童提供信访、热线咨询服务数

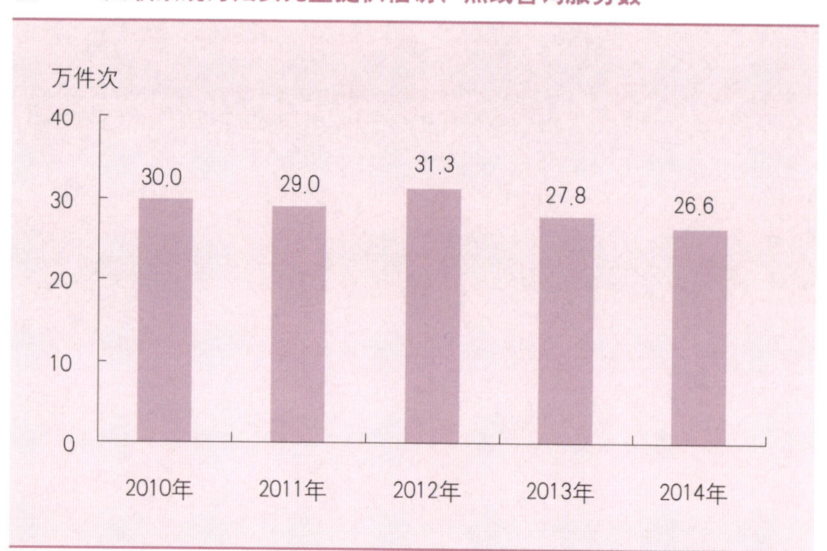

资料来源：全国妇联统计资料。

十、社会和生活环境

表 10.1 森林资源情况

指　标	单位	2000 年	2005 年	2014 年
森林面积	万公顷	15894.09	19545.22	20768.73
# 人工林	万公顷	4708.95	6168.84	6933.38
森林蓄积量	亿立方米	112.67	137.21	151.37
森林覆盖率	%	16.55	20.36	21.63

资料来源：国家林业局统计资料。

注:2000 年数据为第六次全国森林资源清查（1999-2003）结果;
2005 年数据为第七次全国森林资源清查（2004-2008）结果;
2014 年数据为第八次全国森林资源清查（2009-2013）结果。

图 10.1 各类湿地所占比重

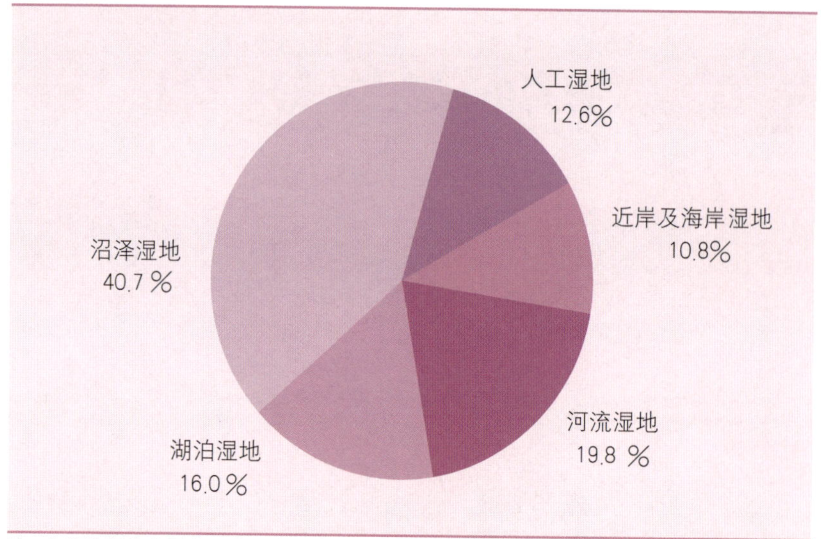

注：本表数据为中国第二次湿地调查（2009-2013）结果。

表 10.2 人均水资源量及人均用水量

单位：立方米 / 人

年　份	人均水资源量	人均用水量
2010	2310.4	450.2
2011	1730.2	454.4
2012	2186.1	454.7
2013	2059.7	455.5
2014	1998.6	446.7

资料来源：中国统计年鉴。

图 10.2 全国农村集中式供水受益人口比例

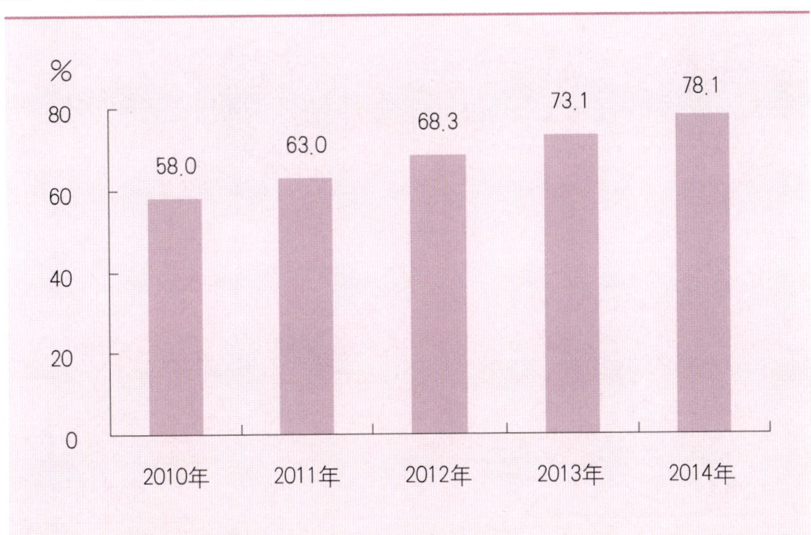

资料来源：水利部统计资料.

图 10.3 人均公园绿地面积

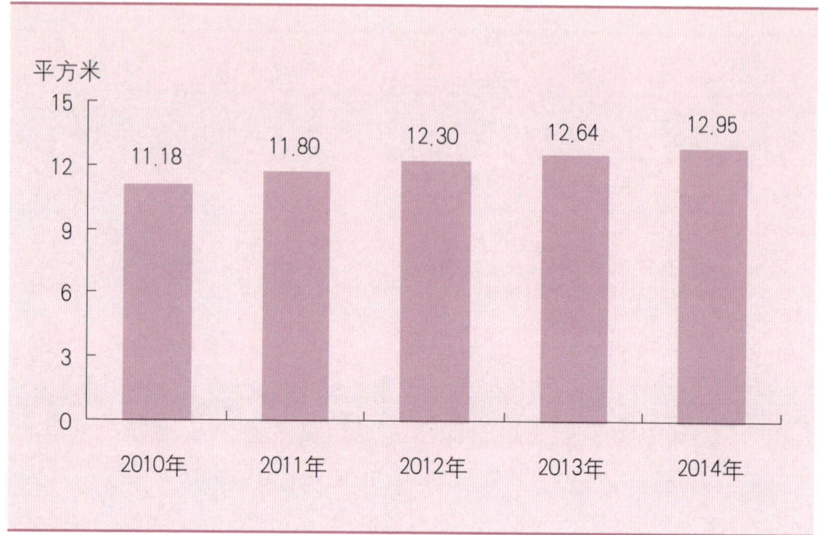

资料来源：中国统计年鉴。

表 10.3 自然保护区基本情况

年 份	自然保护区数（个）	# 国家级	自然保护区面积（万公顷）	# 国家级
2010	2588	319	14944.1	9267.6
2011	2640	335	14971.1	9315.3
2012	2669	363	14978.7	9414.6
2013	2697	407	14631.0	9403.9
2014	2729	428	14699.2	9651.6

资料来源：中国统计年鉴。

表 10.4 城市环境情况

单位：%

年 份	建成区绿化覆盖率	城市用水普及率	城市污水处理率	城市燃气普及率	生活垃圾无害化处理率
2010	38.6	96.7	82.3	92.0	77.9
2011	39.2	97.0	83.6	92.4	79.7
2012	39.6	97.2	87.3	93.2	84.8
2013	39.7	97.6	89.3	94.3	89.3
2014	40.1	97.6	90.2	94.6	91.8

资料来源：中国统计年鉴。

表 10.5 农村改水改厕情况

年 份	农村改水累计受益人口（亿人）	农村改水累计受益率（%）	农村自来水普及率（%）	累计使用卫生厕所户数（万户）	卫生厕所普及率（%）
2010	90833	94.9	71.2	17138.3	67.4
2011	89972	94.2	72.1	18108.5	69.2
2012	91208	95.3	74.6	18627.5	71.7
2013	89938	95.6	76.4	19400.6	74.1
2014	91511	95.8	79.0	19939.3	76.1

资料来源：中国卫生统计年鉴。

表 10.6 全国少儿图书馆、博物馆基本情况

年 份	少儿图书馆		博物馆	
	数量（个）	总藏量（万册）	数量（个）	未成年人参观人次（万人次）
2010	97	2159.2	2435	11441.3
2011	94	2321.1	2650	12494.0
2012	99	3217.4	3069	15543.2
2013	105	3165.0	3476	18206.2
2014	108	3392.3	3658	20211.9

资料来源：文化部统计资料。
注：图书馆指县（区、市）以上的少儿图书馆。

表 10.7 公共图书馆中少儿文献及少儿阅览室坐席数

年 份	坐席数（个）	少儿文献（万册）
2010	156524	
2011	168647	3099.3
2012	181264	4574.1
2013	196192	5526.3
2014	210662	6377.0

资料来源：文化部统计资料。

表 10.8 全国儿童出版物情况

年份	儿童期刊		儿童音像制品数量（万盒／张）
	种类（种）	数量（万册）	
2010	98	23683	3780
2011	118	36454	6047
2012	142	39432	4034
2013	144	40907	3149
2014	209	51983	1681

资料来源：国家新闻出版广电总局统计资料。

表 10.9 全国广播、电视综合人口覆盖率

单位：%

年份	广播综合人口覆盖率	电视综合人口覆盖率
2010	96.8	97.6
2011	97.1	97.8
2012	97.5	98.2
2103	97.8	98.4
2014	98.0	98.6

资料来源：国家新闻出版广电总局统计资料。

表 10.10 居民人均住房面积

单位：平方米

年　份	城镇居民人均住房建筑面积	农村居民人均居住住房面积
2000		24.8
2005	27.8	29.7
2010	31.6	34.1
2011	32.7	36.2
2012	32.9	37.1

资料来源：国家统计局住户抽样调查统计资料。

图 10.4 各级评选“五好文明家庭”数

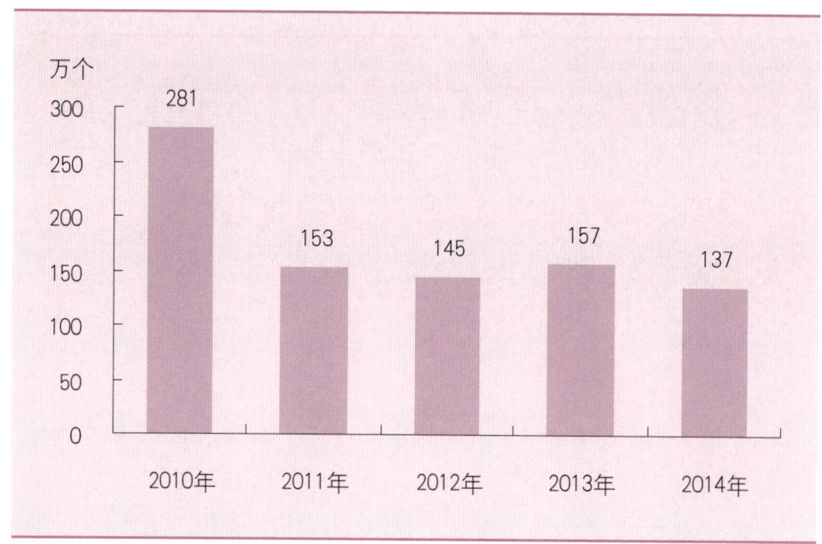

资料来源：全国妇联统计资料。

十一、分地区统计资料

表 11.1 2014 年人均地区生产总值和居民人均可支配收入

单位：元

地　区	人均地区生产总值	城镇居民人均可支配收入	农村居民人均可支配收入
北　京	99995	48532	18867
天　津	105231	31506	17014
河　北	39984	24141	10186
山　西	35070	24069	8809
内蒙古	71046	28350	9976
辽　宁	65201	29082	11192
吉　林	50160	23218	10780
黑龙江	39226	22609	10453
上　海	97370	48841	21192
江　苏	81874	34346	14958
浙　江	73002	40393	19373
安　徽	34425	24839	9916
福　建	63472	30722	12650
江　西	34674	24309	10117
山　东	60879	29222	11882
河　南	37072	23672	9966
湖　北	47145	24852	10849
湖　南	40271	26570	10060
广　东	63469	32148	12246
广　西	33090	24669	8683
海　南	38924	24487	9913
重　庆	47850	25147	9490
四　川	35128	24234	9348
贵　州	26437	22548	6671
云　南	27264	24299	7456
西　藏	29252	22016	7359
陕　西	46929	24366	7932
甘　肃	26433	21804	6277
青　海	39671	22307	7283
宁　夏	41834	23285	8410
新　疆	40648	23214	8724

资料来源：《2015 中国统计年鉴》。

表 11.2 2014 年人口情况

地　区	年末人口（万人）	出生率（‰）	死亡率（‰）	自然增长率（‰）
北　京	2152	9.75	4.92	4.83
天　津	1517	8.19	6.05	2.14
河　北	7384	13.18	6.23	6.95
山　西	3648	10.92	5.93	4.99
内蒙古	2505	9.31	5.75	3.56
辽　宁	4391	6.49	6.23	0.26
吉　林	2752	6.62	6.22	0.40
黑龙江	3833	7.37	6.46	0.91
上　海	2426	8.35	5.21	3.14
江　苏	7960	9.45	7.02	2.43
浙　江	5508	10.51	5.51	5.00
安　徽	6083	12.86	5.89	6.97
福　建	3806	13.70	6.20	7.50
江　西	4542	13.24	6.26	6.98
山　东	9789	14.23	6.84	7.39
河　南	9436	12.80	7.02	5.78
湖　北	5816	11.86	6.96	4.90
湖　南	6737	13.52	6.89	6.63
广　东	10724	10.80	4.70	6.10
广　西	4754	14.07	6.21	7.86
海　南	903	14.56	5.95	8.61
重　庆	2991	10.67	7.05	3.62
四　川	8140	10.22	7.02	3.20
贵　州	3508	12.98	7.18	5.80
云　南	4714	12.65	6.45	6.20
西　藏	318	15.76	5.21	10.55
陕　西	3775	10.13	6.26	3.87
甘　肃	2591	12.21	6.11	6.10
青　海	583	14.67	6.18	8.49
宁　夏	662	13.10	4.53	8.57
新　疆	2298	16.44	4.97	11.47

资料来源：《2015 年中国统计年鉴》。

注：1. 本表数据根据年度人口抽样调查推算。

2. 本表未包括中国人民解放军现役军人数。

表 11.3 2014 年孕产妇保健情况

单位：%

地区	住院分娩率			非住院分娩中新法接生率	高危产妇比重
	合计	城市	农村		
全　国	**99.62**	**99.89**	**99.39**	**70.65**	**20.70**
北　京	100.00	100.00	100.00	66.67	44.12
天　津	100.00	100.00	100.00		45.18
河　北	99.96	99.99	99.95	100.00	13.92
山　西	99.88	99.97	99.82	99.77	15.42
内蒙古	99.93	99.98	99.89	95.57	25.61
辽　宁	100.00	100.00	99.99	100.00	19.66
吉　林	99.99	99.99	99.99	100.00	24.96
黑龙江	99.99	100.00	99.99	100.00	16.69
上　海	99.98	99.98	100.00	100.00	36.77
江　苏	100.00	100.00	100.00		30.88
浙　江	100.00	100.00	100.00	80.00	46.91
安　徽	99.89	99.82	99.93	99.08	20.57
福　建	100.00	100.00	100.00	100.00	31.57
江　西	99.91	99.93	99.90	98.20	15.15
山　东	99.97	99.99	99.94		11.18
河　南	99.99	99.99	99.98	75.49	15.57
湖　北	99.98	99.98	99.98	72.00	20.12
湖　南	99.93	99.96	99.91	89.69	26.94
广　东	99.75	99.86	99.43	85.61	19.81
广　西	99.90	99.94	99.88	93.21	24.38
海　南	99.85	99.90	99.77	43.79	12.92
重　庆	98.93	99.23	98.60	54.99	15.72
四　川	97.52	99.81	96.22	63.27	16.21
贵　州	98.48	99.02	98.28	94.15	9.87
云　南	98.89	99.70	98.54	79.35	26.29
西　藏	85.01	96.98	83.76	77.13	8.54
陕　西	99.93	99.90	99.94	97.12	20.46
甘　肃	99.31	99.58	99.19	85.53	12.50
青　海	96.83	99.50	96.38	58.08	14.48
宁　夏	99.88	99.95	99.81	94.90	28.81
新　疆	98.72	99.20	98.55	31.36	22.76

资料来源：国家卫生计生委统计资料。

表 11.3 续 1

单位：%

地 区	孕产妇死亡原因构成		
	产科出血	妊高症	内科合并症
全 国	**24.80**	**9.98**	**25.10**
北 京			63.64
天 津	11.11	33.33	11.11
河 北	23.86	2.27	26.14
山 西	25.00	13.46	26.92
内蒙古	13.95	6.98	20.93
辽 宁	11.11	5.56	36.11
吉 林	21.28	8.51	34.04
黑龙江	12.50	12.50	21.88
上 海	20.00	20.00	60.00
江 苏	21.43	14.29	28.57
浙 江	17.39	8.70	34.78
安 徽	26.51	8.43	32.53
福 建	10.91	12.73	32.73
江 西	22.41	13.79	18.97
山 东	12.00	13.00	29.00
河 南	23.56	9.77	28.16
湖 北	14.04	3.51	29.82
湖 南	24.14	6.90	26.72
广 东	23.15	11.11	21.30
广 西	12.73	6.36	32.73
海 南	11.76	5.88	52.94
重 庆	29.63	5.56	27.78
四 川	38.35	6.02	19.55
贵 州	32.43	14.41	17.12
云 南	39.68	7.94	15.87
西 藏	38.00	16.00	18.00
陕 西	20.45	11.36	20.45
甘 肃	32.20	6.78	16.95
青 海	40.91	9.09	22.73
宁 夏	16.67	8.33	33.33
新 疆	30.97	20.00	20.00

表 11.3 续 2

单位 :%

地区	孕产期中重度贫血患病率	孕产妇系统管理率		
		合计	城市	农村
全国	**1.29**	**89.99**	**91.45**	**88.76**
北京	2.03	96.37	95.86	97.35
天津	0.66	93.30	92.40	96.52
河北	2.34	89.62	88.90	90.01
山西	1.31	84.23	84.87	83.76
内蒙古	0.39	94.66	94.23	94.98
辽宁	0.56	93.65	93.93	92.76
吉林	0.48	91.41	91.78	90.50
黑龙江	2.08	93.76	94.52	92.52
上海	0.29	95.24	95.45	86.40
江苏	0.68	100.00	100.00	100.00
浙江	0.42	96.82	97.02	96.41
安徽	1.37	76.32	77.33	75.79
福建	0.68	90.46	91.00	89.95
江西	2.16	86.51	89.61	85.00
山东	1.41	90.75	92.47	88.86
河南	2.84	81.01	82.88	80.15
湖北	0.67	92.12	92.22	91.96
湖南	0.69	90.35	91.32	89.85
广东	1.13	90.97	89.78	94.29
广西	0.89	96.82	95.57	97.58
海南	1.35	86.31	86.49	85.98
重庆	0.48	89.14	90.58	87.55
四川	0.76	93.16	96.52	91.27
贵州	0.28	90.42	91.08	90.18
云南	0.25	93.90	95.46	93.22
西藏	2.74	49.64	75.58	46.94
陕西	1.40	95.37	95.34	95.38
甘肃	1.25	94.34	91.75	95.49
青海	1.11	91.65	96.88	90.76
宁夏	1.09	96.96	97.82	96.16
新疆	2.38	84.56	86.43	83.89

表 11.4 2014 年产前检查率及婚前医学检查率

单位：%

地区	产前检查率			婚前医学检查率		
	合计	城市	农村	合计	城市	农村
全国	**96.20**	**97.02**	**95.50**	**55.10**	**50.93**	**59.49**
北京	98.89	98.81	99.03	5.29	4.66	6.92
天津	95.80	94.92	98.92	1.56	1.74	0.55
河北	95.79	96.10	95.62	17.97	24.47	13.75
山西	95.08	96.46	94.05	11.36	8.01	14.24
内蒙古	97.07	96.92	97.18	72.67	74.46	71.62
辽宁	98.20	98.32	97.80	36.51	33.92	44.54
吉林	95.75	96.04	95.06	31.16	29.93	34.22
黑龙江	97.51	98.13	96.49	31.19	24.52	41.10
上海	98.58	98.56	99.44	24.40	25.28	2.49
江苏	100.00	100.00	100.00	78.57	78.84	77.96
浙江	98.66	98.73	98.51	93.46	93.11	94.25
安徽	90.67	91.75	90.09	91.44	92.42	90.90
福建	96.67	97.46	95.94	90.64	91.40	89.81
江西	94.89	95.63	94.53	45.50	55.93	40.46
山东	94.63	95.83	93.32	57.40	59.08	55.32
河南	94.15	94.54	93.97	68.00	54.90	74.18
湖北	96.75	96.51	97.13	43.70	50.11	33.36
湖南	95.91	96.85	95.42	86.68	87.98	85.93
广东	96.96	96.99	96.89	26.70	28.00	23.05
广西	99.31	99.23	99.36	97.73	97.34	97.95
海南	95.78	96.13	95.13	47.91	45.36	52.68
重庆	96.52	97.86	95.05	12.66	17.39	4.09
四川	95.79	98.37	94.33	52.35	46.64	56.58
贵州	95.80	96.08	95.70	4.69	6.52	3.76
云南	98.46	98.65	98.37	77.53	79.95	76.71
西藏	88.94	99.98	87.79	8.75	14.44	8.37
陕西	98.05	98.02	98.07	32.34	19.68	40.59
甘肃	97.92	98.52	97.65	63.85	51.13	71.00
青海	95.65	98.57	95.15	10.60	21.91	0.99
宁夏	99.30	99.40	99.21	97.03	98.55	95.28
新疆	94.30	96.73	93.42	79.10	53.49	90.71

资料来源：国家卫生计生委统计资料。

表 11.5 2014 年儿童保健情况

单位：%

地区	低出生体重发生率	5岁以下儿童贫血患病率	5岁以下儿童生长迟缓率	3岁以下儿童系统管理率	7岁以下儿童保健管理率
全国	**2.61**	**4.45**	**1.12**	**89.76**	**91.28**
北京	3.90	2.83	0.17	92.85	98.25
天津	3.93	3.25	0.56	88.65	91.84
河北	2.89	4.40	1.09	90.45	92.95
山西	2.28	3.66	0.54	87.11	89.41
内蒙古	2.32	2.63	0.29	94.19	94.29
辽宁	2.31	3.18	0.39	94.33	95.01
吉林	2.21	2.88	0.08	89.99	90.83
黑龙江	2.43	3.94	0.93	93.73	94.83
上海	4.28	3.21	0.32	97.88	99.59
江苏	2.43	4.14	0.56	97.34	98.43
浙江	3.38	5.50	0.47	96.33	97.13
安徽	1.66	8.72	0.84	81.66	89.94
福建	3.04	5.87	0.72	91.87	94.51
江西	2.07	4.98	2.43	85.28	85.54
山东	1.25	3.61	0.55	91.76	91.40
河南	2.49	3.93	0.89	84.97	85.63
湖北	2.16	2.56	0.47	91.29	92.34
湖南	2.59	3.38	0.95	86.48	87.49
广东	3.77	4.43	1.38	92.07	95.85
广西	5.07	11.74	5.00	88.21	89.35
海南	3.29	5.92	2.31	85.84	92.16
重庆	1.37	5.13	0.65	88.02	90.33
四川	1.88	2.49	0.66	93.19	92.32
贵州	1.52	2.00	0.70	84.64	85.80
云南	3.68	3.18	1.68	91.80	92.65
西藏	2.07	4.06	4.14	64.25	58.91
陕西	1.56	2.68	0.57	95.27	95.99
甘肃	2.25	3.02	0.79	93.36	92.78
青海	2.75	4.19	1.27	87.25	83.20
宁夏	2.89	3.70	0.15	94.77	96.07
新疆	2.55	6.33	0.69	84.61	85.01

资料来源：国家卫生计生委统计资料。

表 11.5 续

单位：%

地区	0–6 个月婴儿纯母乳喂养率		
	合计	城市	农村
全国	**73.9**	**72.2**	**75.4**
北京	70.0	70.0	70.0
天津	55.2	55.5	53.9
河北	83.9	80.3	85.9
山西	78.3	75.4	80.5
内蒙古	78.0	73.7	81.0
辽宁	66.9	65.1	71.9
吉林	62.1	62.7	60.4
黑龙江	79.5	77.4	82.4
上海	60.7	61.0	53.9
江苏	80.3	78.5	83.4
浙江	66.3	66.6	65.5
安徽	64.2	64.5	64.0
福建	77.2	74.9	79.5
江西	56.0	54.9	56.5
山东	86.2	84.9	87.7
河南	77.7	76.5	78.3
湖北	71.1	65.3	80.5
湖南	69.5	69.3	69.6
广东	75.1	72.9	81.2
广西	83.6	78.7	87.2
海南	65.8	69.0	59.4
重庆	73.9	68.9	80.2
四川	79.3	75.5	81.6
贵州	81.9	77.6	83.8
云南	55.8	45.0	59.6
西藏	50.2	78.5	47.5
陕西	71.3	71.5	71.2
甘肃	83.6	75.1	87.6
青海	76.1	68.9	77.5
宁夏	86.2	84.4	88.1
新疆	40.8	57.0	35.2

表 11.6 2014 年分性别小学学龄儿童净入学率

地 区	净入学率(%)		
		男	女
全 国	**99.81**	**99.80**	**99.83**
北 京	100.00	100.00	100.00
天 津	99.66	99.64	99.68
河 北	99.71	99.67	99.75
山 西	99.92	99.94	99.89
内蒙古	100.00	100.00	100.00
辽 宁	99.88	99.86	99.89
吉 林	99.72	99.68	99.78
黑龙江	99.96	99.97	99.95
上 海	100.00	100.00	100.00
江 苏	100.00	100.00	100.00
浙 江	100.00	100.00	100.00
安 徽	99.98	99.98	99.98
福 建	100.00	100.00	100.00
江 西	99.83	99.78	99.90
山 东	99.98	99.98	99.98
河 南	99.97	99.97	99.97
湖 北	99.99	99.98	99.99
湖 南	99.96	99.96	99.97
广 东	99.99	99.99	99.99
广 西	99.58	99.57	99.59
海 南	99.44	99.43	99.45
重 庆	99.99	100.02	99.96
四 川	99.21	99.13	99.30
贵 州	98.48	98.26	98.73
云 南	99.51	99.54	99.47
西 藏	99.97	99.99	99.94
陕 西	99.89	99.89	99.89
甘 肃	99.03	99.11	98.94
青 海	99.67	99.62	99.73
宁 夏	99.20	99.26	99.13
新 疆	99.81	99.81	99.80

资料来源：教育部统计资料。

表 11.7 各级学校生师比（教师人数＝1）

地区	普通小学	初中	普通高中	中等职业学校	普通高校
全国	**16.78**	**12.57**	**14.44**	**21.34**	**17.68**
北京	14.44	9.44	8.41	17.51	15.95
天津	14.71	10.21	10.62	13.94	17.45
河北	16.92	13.45	13.23	14.82	17.28
山西	12.70	10.52	13.59	15.89	18.63
内蒙古	12.09	11.02	14.40	15.83	18.17
辽宁	14.07	10.68	13.34	16.18	17.27
吉林	11.26	9.30	14.66	8.55	17.66
黑龙江	11.29	9.60	13.32	14.33	16.19
上海	15.60	11.49	9.27	15.63	17.02
江苏	17.45	10.60	10.71	16.70	16.24
浙江	18.62	12.59	12.06	16.08	16.76
安徽	17.45	12.40	15.97	28.51	18.87
福建	17.30	11.49	12.35	25.59	17.38
江西	19.64	14.42	17.67	28.34	18.05
山东	16.67	11.87	14.08	19.24	17.77
河南	18.80	14.09	17.11	21.32	17.98
湖北	16.12	10.30	13.49	17.01	17.88
湖南	19.10	12.97	15.44	25.68	18.95
广东	18.31	13.53	14.43	28.36	18.94
广西	19.87	16.56	17.33	38.33	17.87
海南	14.99	13.33	14.46	26.87	19.26
重庆	17.48	12.94	16.88	22.25	17.39
四川	17.43	12.86	16.18	26.55	18.01
贵州	17.96	17.29	18.00	33.32	17.93
云南	16.94	15.49	15.53	23.02	18.84
西藏	14.56	13.08	12.64	17.11	13.93
陕西	14.21	10.40	14.95	21.40	18.17
甘肃	12.83	11.44	14.95	16.63	18.15
青海	18.28	13.81	14.19	31.50	15.36
宁夏	17.65	14.59	15.92	33.09	17.01
新疆	13.39	10.47	12.25	22.26	17.72

资料来源：教育部统计资料。

表 11.8 2014 年每十万人口各级学校平均在校生数

单位：人

地 区	高等教育[1]	高中阶段[2]	初中阶段[3]	小学	学前教育
全 国	**2488**	**3065**	**3222**	**6946**	**2977**
北 京	5429	1630	1451	3883	1726
天 津	4283	1924	1815	3893	1629
河 北	2098	2579	3121	7696	2957
山 西	2519	3686	3358	6185	2667
内蒙古	2156	2941	2681	5191	2238
辽 宁	2933	2427	2405	4521	1991
吉 林	3168	2207	2264	4612	1679
黑龙江	2555	2381	2389	3875	1397
上 海	3348	1197	1767	3325	2082
江 苏	2858	2542	2333	5938	2948
浙 江	2408	2726	2727	6448	3379
安 徽	2245	3583	3191	6885	2868
福 建	2513	3030	2983	7277	3859
江 西	2527	3286	3870	9132	3524
山 东	2421	3099	3234	6662	2700
河 南	2203	3480	4242	9865	3922
湖 北	3121	2393	2373	5538	2653
湖 南	2160	2712	3298	7082	3037
广 东	2356	3802	3540	7816	3564
广 西	2052	3676	4134	9150	4182
海 南	2317	3648	3768	8407	3506
重 庆	3017	3849	3298	6849	3012
四 川	2244	3312	3187	6554	2970
贵 州	1690	4422	5906	9888	3423
云 南	1731	2897	4050	8166	2658
西 藏	1676	2329	3983	9458	2600
陕 西	3652	3598	2968	6015	3527
甘 肃	2219	3755	3760	6980	2402
青 海	1220	3651	3669	7980	3028
宁 夏	2255	3772	4254	8999	2765
新 疆	1749	3277	4025	8581	3322

资料来源：教育部统计资料。

注：1 包括普通高等学校和成人高等学校；

2 包括普通高中、成人高中、普通中专、职业高中、技工学校和成人中专；

3 包括普通初中和职业初中。

表 11.9 2014 年各种福利机构基本情况

地　区	提供住宿的社会服务机构数（个）	# 老年收养性机构数	# 儿童收养救助机构数	提供住宿的社会服务机构床位数（张）
北　京	631	592	13	143689
天　津	364	346	2	63124
河　北	1467	1283	13	453002
山　西	952	833	10	89080
内蒙古	797	734	8	189088
辽　宁	1797	1663	12	221111
吉　林	893	798	18	95763
黑龙江	1124	983	16	141322
上　海	665	637	4	129003
江　苏	2477	2324	45	571327
浙　江	2030	1919	16	441321
安　徽	1002	831	52	342848
福　建	494	380	12	124573
江　西	2033	1906	17	186293
山　东	2235	2119	26	569184
河　南	2698	2540	22	355961
湖　北	2265	2008	117	277345
湖　南	1836	1603	72	202859
广　东	1637	1489	39	222242
广　西	614	492	37	154567
海　南	232	220	2	18034
重　庆	966	900	15	164353
四　川	3786	3409	117	461725
贵　州	519	387	25	117765
云　南	666	495	37	81745
西　藏	253	230	15	10698
陕　西	877	759	13	118485
甘　肃	432	342	27	92296
青　海	189	143	22	19308
宁　夏	106	80	10	13194
新　疆	772	598	56	63903

资料来源：民政部统计资料。

表 11.9 续

单位：人

地　区	收留抚养救助人数	#女	#儿童
北　京	37037	16517	1554
天　津	26830	12955	696
河　北	103821	14970	2040
山　西	39135	3374	2880
内蒙古	53032	8522	1414
辽　宁	96727	20402	3534
吉　林	49539	9084	2097
黑龙江	98864	16614	1633
上　海	75526	46201	2120
江　苏	209307	60401	3991
浙　江	139909	48115	2825
安　徽	67677	16727	3785
福　建	22353	6020	2144
江　西	156788	38585	7491
山　东	197225	57644	3902
河　南	210239	39744	7353
湖　北	173442	47086	4865
湖　南	89749	24336	6718
广　东	82616	35700	9151
广　西	23592	7743	3023
海　南	6845	2197	362
重　庆	71952	15946	1533
四　川	321185	45232	6378
贵　州	15636	3575	2527
云　南	38301	7712	2510
西　藏	7467	2254	2520
陕　西	67834	12019	2851
甘　肃	18191	4274	3725
青　海	6593	1534	1358
宁　夏	7586	1876	510
新　疆	38802	9949	5286

表 11.10 2014 年福利企业中残疾职工人数及性别构成

地　区	福利企业中残疾职工人数（人）	# 女	性别构成（%） 男	女
全　国	**479459**	**150073**	**68.70**	**31.30**
北　京	10443	3086	70.45	29.55
天　津	6412	1874	70.77	29.23
河　北	13576	3582	73.62	26.38
山　西	14796	4236	71.37	28.63
内蒙古	4807	1614	66.42	33.58
辽　宁	39059	10185	73.92	26.08
吉　林	6925	1738	74.90	25.10
黑龙江	7875	2574	67.31	32.69
上　海	24522	8237	66.41	33.59
江　苏	86743	30569	64.76	35.24
浙　江	67471	26377	60.91	39.09
安　徽	6917	1990	71.23	28.77
福　建	7997	1032	87.10	12.90
江　西	10084	2614	74.08	25.92
山　东	34861	9933	71.51	28.49
河　南	24381	7589	68.87	31.13
湖　北	13218	4376	66.89	33.11
湖　南	15788	4248	73.09	26.91
广　东	5689	2020	64.49	35.51
广　西	3178	664	79.11	20.89
海　南	794	273	65.62	34.38
重　庆	26068	7974	69.41	30.59
四　川	21510	6380	70.34	29.66
贵　州	934	370	60.39	39.61
云　南	12081	2447	79.75	20.25
西　藏	99	30	69.70	30.30
陕　西	4488	1558	65.29	34.71
甘　肃	1356	366	73.01	26.99
青　海	951	304	68.03	31.97
宁　夏	2334	342	85.35	14.65
新　疆	4102	1491	63.65	36.35

资料来源：民政部统计资料。

表 11.11 2014 年居民最低生活保障基本情况

单位：万人

地区	城镇居民最低生活保障人数	#女	农村居民最低生活保障人数	#女
全国	**1877.0**	**792.4**	**5207.2**	**1826.4**
北京	8.9	3.9	5.1	2.1
天津	13.6	6.8	10.1	4.2
河北	62.5	26.2	209.9	65.6
山西	72.6	32.2	140.7	50.3
内蒙古	70.6	34.8	122.2	56.5
辽宁	80.2	34.3	80.7	28.9
吉林	75.9	37.8	79.0	37.4
黑龙江	127.3	52.0	117.3	44.6
上海	18.7	6.9	3.0	1.5
江苏	30.7	13.4	119.1	44.9
浙江	6.4	2.5	50.8	17.8
安徽	72.4	30.2	208.9	76.1
福建	14.7	5.4	73.9	25.3
江西	98.3	39.7	170.1	64.4
山东	44.6	18.2	258.2	91.2
河南	118.9	48.5	397.9	118.3
湖北	107.1	51.2	221.6	100.8
湖南	134.0	54.4	316.0	94.8
广东	31.6	12.8	158.8	50.8
广西	44.8	15.8	329.0	94.6
海南	11.1	4.6	21.5	7.3
重庆	41.0	18.6	50.2	22.6
四川	173.4	68.0	425.3	129.2
贵州	47.6	18.1	416.8	144.5
云南	100.9	37.9	458.9	172.2
西藏	4.7	2.1	32.3	12.3
陕西	57.8	27.6	181.6	76.4
甘肃	81.4	29.9	339.0	114.0
青海	20.3	10.2	37.2	9.8
宁夏	16.8	7.0	39.2	12.6
新疆	88.1	41.4	132.7	55.7

资料来源：民政部统计资料。

表 11.11 续

地 区	城乡最低生活保障平均标准（元／人月）	城市平均低保标准（元／人月）	农村平均低保标准（元／人年）
全 国	**321.0**	**410.5**	**2776.6**
北 京	641.2	650.0	7587.7
天 津	576.4	640.0	6153.6
河 北	321.9	431.9	2543.5
山 西	294.1	383.7	2454.8
内蒙古	392.1	481.4	3633.8
辽 宁	359.5	452.8	3195.7
吉 林	288.3	371.1	2466.1
黑龙江	338.6	446.8	2764.2
上 海	670.0	710.0	7560.0
江 苏	490.8	536.1	5345.5
浙 江	523.6	573.3	5686.0
安 徽	328.6	421.5	2828.3
福 建	316.0	404.4	2732.2
江 西	319.1	418.3	2638.6
山 东	348.3	451.9	2936.7
河 南	240.4	328.8	1824.1
湖 北	312.5	411.0	2567.8
湖 南	273.3	352.8	2326.8
广 东	387.1	454.5	3837.9
广 西	254.6	340.1	2029.0
海 南	329.6	379.6	3355.0
重 庆	295.6	369.0	2667.2
四 川	257.2	336.2	2139.7
贵 州	285.7	395.0	2116.1
云 南	269.1	359.6	2141.9
西 藏	359.9	533.9	2230.9
陕 西	288.5	388.5	2262.8
甘 肃	258.9	328.3	2275.6
青 海	267.7	351.0	2213.1
宁 夏	247.5	304.8	2281.8
新 疆	249.1	329.2	2029.4

资料来源：民政部统计资料。

表 11.12 2014 年农村供养五保人数

单位：人

地　区	农村集中供养五保人数	# 女	农村分散供养五保人数	# 女
全　国	**1742580**	**306114**	**3548131**	**634960**
北　京	1964	202	2230	161
天　津	1241	135	11043	1046
河　北	66791	6567	164153	14960
山　西	25313	1792	135007	13914
内蒙古	24910	1786	64049	5357
辽　宁	33672	3796	104777	12213
吉　林	23942	2586	91679	16644
黑龙江	50949	9975	85927	17227
上　海	1144	220	1570	218
江　苏	102125	17450	96185	14156
浙　江	34841	5607	843	140
安　徽	160969	22490	269618	43956
福　建	9245	1212	75325	11341
江　西	120629	42797	108605	37835
山　东	167909	31440	58105	11292
河　南	186919	36187	300354	54720
湖　北	70094	13967	186504	34717
湖　南	103482	22041	400191	78290
广　东	27417	5513	211498	35086
广　西	22100	4070	267390	44898
海　南	2372	699	29043	8336
重　庆	64148	6716	99446	9283
四　川	269563	30816	235208	34085
贵　州	39250	7859	78369	16973
云　南	39287	9388	172068	42854
西　藏	8220	3566	7591	3929
陕　西	48694	7620	84179	13530
甘　肃	12876	2139	109852	21916
青　海	4743	1860	18676	6184
宁　夏	4032	769	10334	2545
新　疆	13739	4849	68312	27154

资料来源：民政部统计资料。

表 11.13 2014 年社区服务机构基本情况

单位：个

地区	社区服务机构数	社区服务指导中心	社区服务中心	社区服务站	其他社区服务机构	便民利民网点
全国	**251368**	**918**	**23088**	**120188**	**107174**	**302039**
北京	10911	17	193	6350	4351	10372
天津	1793	13	273	1263	244	5683
河北	10028	27	785	1515	7701	4338
山西	2910	24	530	1827	529	5400
内蒙古	2227	4	982	709	532	8816
辽宁	6295	29	738	3987	1541	8704
吉林	633	27	349	257		273
黑龙江	2204	40	466	1340	358	7307
上海	3810	8	249	2878	675	16243
江苏	29324	68	2550	14704	12002	39851
浙江	23544	29	2438	11648	9429	63830
安徽	6097	41	1240	2891	1925	7333
福建	3183	26	225	2780	152	2687
江西	3137	45	339	1058	1695	3060
山东	22758	120	1221	10558	10859	31033
河南	3226	51	599	905	1671	1400
湖北	8692	32	558	4529	3573	3177
湖南	5421	56	490	2987	1888	4416
广东	55011	35	2741	12992	39243	8514
广西	906	2	80	524	300	1286
海南	1658	2	71	1443	142	19
重庆	4107	12	282	2097	1716	11478
四川	12790	80	1726	7926	3058	24826
贵州	17589	18	1564	15608	399	15509
云南	1547	5	109	1240	193	23
西藏	39	6	15	18		6
陕西	3153	55	514	2146	438	2455
甘肃	4999	26	986	1708	2279	8318
青海	271		29	242		
宁夏	805	6	74	641	84	950
新疆	2300	14	672	1417	197	4732

资料来源：民政部统计资料。

表 11.14 2014 年分年龄组结婚登记人数

单位：人

地 区	合 计	20-24 岁	25-29 岁	30-34 岁	35-39 岁	40 岁及以上
全 国	**26134852**	**7782331**	**9930636**	**2964981**	**1635040**	**3821864**
北 京	340054	30087	168414	70745	25910	44898
天 津	198788	38794	89201	34052	14027	22714
河 北	1322652	546937	472074	117979	55289	130373
山 西	701422	232665	249093	70440	41348	107876
内蒙古	433574	106523	173965	59816	29212	64058
辽 宁	690194	127219	287960	102290	52471	120254
吉 林	470486	102057	166064	60953	40111	101301
黑龙江	704506	121426	203013	87229	64667	228171
上 海	283878	25349	114527	57358	26327	60317
江 苏	1668994	487823	586152	137615	87541	369863
浙 江	873604	170884	388053	111763	54096	148808
安 徽	1597814	566904	513986	129364	95513	292047
福 建	750660	212433	316724	85453	41307	94743
江 西	742466	266724	265226	76094	51763	82659
山 东	1663646	491946	770751	164536	79123	157290
河 南	2351644	857516	860633	221841	136186	275468
湖 北	1243892	355872	486422	130631	74065	196902
湖 南	1243990	371729	525812	150871	67761	127817
广 东	1782914	550911	758750	241158	91820	140275
广 西	944596	258514	379232	147702	65097	94051
海 南	180072	47879	60190	29108	12992	29903
重 庆	608986	179831	208495	64878	40676	115106
四 川	1548480	466900	534962	164932	117068	264618
贵 州	874406	247696	269937	111742	78977	166054
云 南	929610	278045	294044	117956	81229	158336
西 藏	39122	19910	13659	3116	1674	763
陕 西	762442	228374	341048	77742	37044	78234
甘 肃	403626	138970	167491	41307	17665	38193
青 海	108042	26390	41940	15014	9663	15035
宁 夏	111916	39113	38304	11409	6934	16156
新 疆	558376	186910	184514	69887	37484	79581

资料来源：民政部统计资料。

表 11.15 2014 年省级人大代表和政协委员人数

单位：人

地区	省（区、市）人大代表数	# 女	省（区、市）政协委员数	# 女
北　京	769	256	757	236
天　津	706	181	775	200
河　北	765	184	770	169
山　西	550	151	578	123
内蒙古	537	159	526	118
辽　宁	616	140	874	346
吉　林	513	70	606	129
黑龙江	574	136	715	166
上　海	861	267	841	187
江　苏	797	207	796	130
浙　江	637	168	734	187
安　徽	742	208	743	166
福　建	554	139	695	124
江　西	599	148	694	121
山　东	911	199	808	192
河　南	942	193	897	202
湖　北	730	183	728	160
湖　南	764	138	755	170
广　东	786	221	974	178
广　西	694	176	703	166
海　南	385	91	391	76
重　庆	865	212	853	183
四　川	879	203	882	173
贵　州	604	174	604	132
云　南	635	182	640	172
西　藏	441	101	589	125
陕　西	578	137	643	31
甘　肃	504	118	590	85
青　海	394	88	397	95
宁　夏	421	87	432	121
新　疆	549	139	529	139

资料来源：2014 年妇女儿童状况统计年报。

表 11.16 2014 年各级政府工作部门领导班子中女干部配备情况

单位：%

地 区	省级政府工作部门领导班子配有女干部的班子比例	市级政府工作部门领导班子配有女干部的班子比例	省级政府工作部门领导班子配有正职女干部的班子比例	市级政府工作部门领导班子配有正职女干部的班子比例	县级政府工作部门领导班子配有正职女干部的班子比例
北 京	77.8	80.9	13.3	22.7	6.9
天 津	80.8	65.2	7.7	16.5	19.8
河 北	34.0	47.2	8.0	4.5	5.3
山 西	28.6	39.3	2.0	3.1	4.8
内蒙古	55.0	56.0	10.0	9.4	11.8
辽 宁	51.2	61.4	12.2	9.2	14.7
吉 林	77.5	46.1	7.5	7.2	10.9
黑龙江	64.3	63.0	2.4	11.0	13.2
上 海	66.7	73.3	14.0	29.5	9.5
江 苏	53.5	55.1	9.3	12.7	13.4
浙 江	54.8	54.3	2.4	9.2	7.8
安 徽	58.5	53.0	9.7	10.7	9.6
福 建	57.5	54.3	7.5	9.3	7.0
江 西	37.5	52.7	10.0	11.8	10.1
山 东	40.0	50.0	5.0	5.4	6.1
河 南	51.9	54.8	11.5	7.2	9.2
湖 北	62.8	47.5	7.0	5.9	8.2
湖 南	46.9	64.3	14.3	7.4	8.3
广 东	95.8				
广 西	57.5	58.9	4.3	13.2	13.7
海 南	38.2	44.4	5.9	11.1	12.6
重 庆	68.4	72.5	7.0	19.0	8.2
四 川	53.5	59.9	9.3	8.4	10.5
贵 州	70.0	66.0	2.5	9.7	11.2
云 南	69.1	47.9	7.1	10.6	12.0
西 藏	63.4	59.7	12.2	25.3	14.4
陕 西	27.9	39.0		5.1	6.0
甘 肃	42.1	35.0	2.6	4.0	3.5
青 海	53.7	31.2	9.8	9.1	10.1
宁 夏	60.0	42.5	5.7	12.5	10.6
新 疆	74.4	43.5	18.0	15.2	22.0

资料来源：2014 年妇女儿童状况统计年报。

表 11.17 2014 年社会组织和群众性自治组织中女性比重

单位：%

地 区	社会团体单位成员中女性比重	民办非企业单位成员中女性比重	基金会单位成员中女性比重
全 国	**21.8**	**38.6**	**26.6**
北 京	29.2	39.1	47.2
天 津	35.0	44.6	
河 北	13.8	41.2	38.0
山 西	21.3	37.7	41.3
内蒙古	25.5	39.7	33.5
辽 宁	16.3	46.6	26.5
吉 林	12.2	36.2	22.3
黑龙江	38.4	32.1	
上 海	17.2	22.4	17.5
江 苏	24.6	29.4	26.1
浙 江	23.7	33.9	36.9
安 徽	14.4	35.7	13.4
福 建	14.0	40.6	14.0
江 西	19.9	40.2	21.9
山 东	19.2	26.6	25.2
河 南	24.1	36.3	11.5
湖 北	21.9	38.8	18.3
湖 南	25.4	41.7	11.3
广 东	27.0	50.2	29.1
广 西	14.3	43.5	37.8
海 南	25.5	49.5	30.0
重 庆	18.6	55.2	33.4
四 川	21.6	39.9	
贵 州	19.5	43.2	2.5
云 南	33.8	49.5	35.9
西 藏	35.3	41.4	31.0
陕 西	15.2	32.3	4.4
甘 肃	17.4	29.2	11.1
青 海	20.6	30.5	22.2
宁 夏	15.0	54.8	45.5
新 疆	15.2	43.4	2.9

资料来源：民政部统计资料。

表 11.17 续

单位：%

地　区	居委会成员中女性比重	居委会主任中女性比重	村委会成员中女性比重	村委会主任中女性比重
全　国	**48.4**	**41.0**	**22.8**	**12.3**
北　京	69.1	62.9	29.6	7.7
天　津	79.9	69.8	24.6	6.2
河　北	50.4	41.9	13.8	7.9
山　西	52.2	44.2	20.5	8.2
内蒙古	61.6	61.5	24.4	13.7
辽　宁	70.7	66.9	24.9	11.0
吉　林	37.7	47.8	33.3	18.7
黑龙江	67.2	66.7	21.1	15.2
上　海	63.6	55.3	32.5	22.3
江　苏	44.9	37.2	23.8	14.9
浙　江	49.9	37.8	24.8	8.9
安　徽	44.5	34.2	25.8	10.1
福　建	42.2	38.0	19.7	7.9
江　西	42.1	33.6	23.0	14.4
山　东	32.1	35.8	28.8	13.7
河　南	42.0	37.1	20.6	21.4
湖　北	47.4	40.2	28.6	3.6
湖　南	40.9	34.1	27.1	14.5
广　东	45.1	32.5	21.5	6.3
广　西	47.0	34.1	20.5	9.3
海　南	34.1	16.7	20.1	4.1
重　庆	50.5	38.6	25.3	9.7
四　川	35.6	29.5	22.7	15.6
贵　州	45.3	42.7	18.6	11.8
云　南	31.3	22.6	18.2	9.5
西　藏	21.7	15.9	22.1	20.8
陕　西	47.8	35.5	22.3	12.0
甘　肃	42.6	39.7	16.1	12.2
青　海	54.0	43.8	17.8	11.0
宁　夏	70.2	46.3	22.9	4.1
新　疆	45.4	37.7	19.6	18.1

表 11.18 2014 年公有经济企事业单位专业技术人员

单位：万人

地区	全部	# 女	事业单位	# 女	企业单位	# 女
全　国	**3061.1**	**1423.6**	**2077.6**	**1082.1**	**983.5**	**341.5**
北　京	51.8	29.0	30.5	21.7	21.2	7.3
天　津	32.0	18.0	23.8	15.0	8.1	3.0
河　北	117.5	65.5	105.5	61.5	12.0	4.0
山　西	90.5	46.1	67.0	38.3	23.5	7.9
内蒙古	54.5	28.7	51.1	27.5	3.4	1.2
辽　宁	73.8	41.8	65.2	39.0	8.5	2.8
吉　林	55.1	28.6	52.0	27.5	3.1	1.1
黑龙江	74.9	37.3	60.4	32.3	14.5	5.0
上　海	66.5	36.5	31.5	22.1	35.0	14.5
江　苏	118.0	60.7	106.8	56.9	11.2	3.8
浙　江	97.2	53.9	84.1	49.6	13.0	4.3
安　徽	84.4	34.1	73.4	31.2	11.0	2.9
福　建	66.2	33.0	56.9	30.1	9.3	2.9
江　西	72.0	30.6	64.9	28.7	7.0	2.0
山　东	180.3	83.0	150.3	73.9	30.0	9.2
河　南	136.7	67.6	125.6	63.8	11.2	3.8
湖　北	80.4	35.3	75.4	33.7	5.0	1.7
湖　南	98.7	43.0	88.5	39.5	10.2	3.6
广　东	149.3	76.0	127.4	68.8	21.9	7.2
广　西	78.1	39.6	64.3	34.3	13.8	5.3
海　南	15.0	7.1	13.2	6.5	1.8	0.6
重　庆	47.9	23.2	38.6	19.9	9.3	3.3
四　川	113.8	54.3	102.3	50.9	11.4	3.4
贵　州	64.2	29.6	56.8	27.0	7.4	2.7
云　南	82.2	40.4	72.2	37.2	10.0	3.2
西　藏	7.1	3.9	7.0	3.9	0.1	…
陕　西	79.6	35.6	63.6	30.6	16.0	5.0
甘　肃	56.2	23.9	48.8	21.6	7.4	2.3
青　海	12.8	6.0	11.2	5.5	1.6	0.5
宁　夏	12.7	6.3	11.3	5.8	1.4	0.5
新　疆	51.4	31.8	48.5	30.8	2.9	1.0

资料来源：人力资源和社会保障部统计资料。

注：1. 公有经济企事业单位包括国有和集体两部分。

2. 总计中包括中央单位数据。

表 11.19 2014 年研究与试验发展（R&D）人员

地区	人数（人）	#女	性别构成（%）	
			男	女
全国	**5351472**	**1306574**	**75.6**	**24.4**
北京	343165	114250	66.7	33.3
天津	164076	39329	76.0	24.0
河北	155051	43488	72.0	28.0
山西	73925	19175	74.1	25.9
内蒙古	50208	14052	72.0	28.0
辽宁	162625	42832	73.7	26.3
吉林	77306	28244	63.5	36.5
黑龙江	88218	28079	68.2	31.8
上海	236836	60617	74.4	25.6
江苏	676526	141950	79.0	21.0
浙江	444737	100163	77.5	22.5
安徽	201085	38300	81.0	19.0
福建	185044	42854	76.8	23.2
江西	76237	18583	75.6	24.4
山东	432430	106174	75.4	24.6
河南	232105	51313	77.9	22.1
湖北	218094	50206	77.0	23.0
湖南	162548	36772	77.4	22.6
广东	675206	135015	80.0	20.0
广西	65382	17558	73.1	26.9
海南	11931	3382	71.7	28.3
重庆	93167	22410	75.9	24.1
四川	197988	55809	71.8	28.2
贵州	38165	11730	69.3	30.7
云南	52943	17325	67.3	32.7
西藏	2496	713	71.4	28.6
陕西	140327	39234	72.0	28.0
甘肃	41135	10452	74.6	25.4
青海	7860	1895	75.9	24.1
宁夏	16385	4345	73.5	26.5
新疆	28271	10325	63.5	36.5

资料来源：《2015 中国科技统计年鉴》。

表 11.20 2014 年教练员发展人数及性别构成

地 区	人 数（人）	# 女	性别构成（%） 男	女
全 国	**1648**	**475**	**71.2**	**28.8**
北 京	26	7	73.1	26.9
天 津	40	9	77.5	22.5
河 北	36	10	72.2	27.8
山 西	47	14	70.2	29.8
内蒙古	43	15	65.1	34.9
辽 宁	112	33	70.5	29.5
吉 林	47	11	76.6	23.4
黑龙江	61	17	72.1	27.9
上 海	42	16	61.9	38.1
江 苏	111	27	75.7	24.3
浙 江	65	23	64.6	35.4
安 徽	14	4	71.4	28.6
福 建	131	52	60.3	39.7
江 西	45	14	68.9	31.1
山 东	149	49	67.1	32.9
河 南	48	14	70.8	29.2
湖 北	42	6	85.7	14.3
湖 南	50	17	66.0	34.0
广 东	112	27	75.9	24.1
广 西	76	27	64.5	35.5
海 南	9	2	77.8	22.2
重 庆	30	8	73.3	26.7
四 川	68	17	75.0	25.0
贵 州	14	4	71.4	28.6
云 南	85	18	78.8	21.2
西 藏	6		100.0	
陕 西	39	11	71.8	28.2
甘 肃	45	13	71.1	28.9
青 海	15	2	86.7	13.3
宁 夏	8	2	75.0	25.0
新 疆	32	6	81.3	18.8

资料来源：国家体育总局统计资料。

表 11.21 2014 年运动员发展人数及性别构成

地区	人数（人）	#女	性别构成（%）	
			男	女
全国	**45141**	**16667**	**63.1**	**36.9**
中央小计	254	82	67.7	32.3
地方小计	44887	16585	63.1	36.9
北京	1826	793	56.6	43.4
天津	1540	592	61.6	38.4
河北	2460	925	62.4	37.6
山西	1567	627	60.0	40.0
内蒙古	1214	360	70.3	29.7
辽宁	2099	797	62.0	38.0
吉林	776	267	65.6	34.4
黑龙江	1152	371	67.8	32.2
上海	2157	898	58.4	41.6
江苏	2452	1067	56.5	43.5
浙江	2407	894	62.9	37.1
安徽	1436	598	58.4	41.6
福建	1282	541	57.8	42.2
江西	1078	376	65.1	34.9
山东	3582	1241	65.4	34.6
河南	2302	674	70.7	29.3
湖北	3646	938	74.3	25.7
湖南	1415	585	58.7	41.3
广东	1382	619	55.2	44.8
广西	705	303	57.0	43.0
海南	323	136	57.9	42.1
重庆	1470	526	64.2	35.8
四川	2175	927	57.4	42.6
贵州	279	82	70.6	29.4
云南	1098	324	70.5	29.5
西藏	4	2	50.0	50.0
陕西	753	312	58.6	41.4
甘肃	590	203	65.6	34.4
青海	155	56	63.9	36.1
宁夏	440	152	65.5	34.5
新疆	1122	399	64.4	35.6

资料来源：国家体育总局统计资料。

表 11.22 2014 年广播电视综合人口覆盖率及少儿节目播出时间

地　区	广播综合人口覆盖率（%）	电视综合人口覆盖率（%）	少儿广播节目播出时间（时：分）	少儿电视节目播出时间（时：分）	动画电视播出时间（时：分）
全　国	**97.99**	**98.60**	**215763：06**	**486353：47**	**304838：58**
北　京	100.00	100.00	1562：00	1085：83	6995：00
天　津	100.00	100.00	96：00	6630：17	2813：32
河　北	99.34	99.27	5106：47	12320：58	6888：58
山　西	98.04	98.95	5063：00	12243：00	9804：83
内蒙古	98.42	98.57	6306：10	15619：05	8578：00
辽　宁	98.81	98.96	5687：05	14491：42	5891：67
吉　林	98.62	98.75	2260：20	2203：33	1373：83
黑龙江	98.62	98.82	2609：30	2815：67	2739：33
上　海	100.00	100.00	1522：20	17392：33	14559：30
江　苏	99.99	99.88	9273：00	21796：27	12803：73
浙　江	99.57	99.65	11292：35	21673：13	20660：52
安　徽	98.55	98.72	7270：37	14863：07	7699：43
福　建	98.31	98.70	10696：16	17005：01	8365：97
江　西	97.51	98.55	5497：58	22594：58	13935：55
山　东	98.72	98.49	24682：39	25651：65	13579：83
河　南	98.21	98.26	7492：25	16593：95	8502：25
湖　北	98.90	98.89	11507：10	15647：09	10109：38
湖　南	93.48	97.51	5754：35	27473：09	22151：25
广　东	99.90	99.90	21331：15	34498：03	24744：67
广　西	96.60	98.20	2635：21	13225：67	10580：15
海　南	96.49	95.47	3028：30	7554：87	1377：08
重　庆	98.44	98.95	3634：35	12033：35	7928：25
四　川	97.04	98.07	18961：21	52670：12	18023：13
贵　州	91.52	95.39	1311：30	2465：05	2001：25
云　南	96.48	97.48	4688：00	17005：47	10287：80
西　藏	94.78	95.91	843：20	668：00	652：00
陕　西	97.77	98.49	11179：07	14651：52	7709：73
甘　肃	97.89	98.35	12251：27	12988：33	9562：33
青　海	97.03	97.51	548：00	3172：65	2407：63
宁　夏	96.15	99.11	2881：56	5014：25	4290：45
新　疆	96.48	96.94	7710：32	31244：35	22507：17

资料来源：国家新闻出版广电总局统计资料。

表 11.23 2014 年农村集中式供水人口

地　区	农村集中式供水受益人口比例（%）	农村饮水安全人口（万人）
全　国	**78.1**	**86230.2**
北　京	100.0	739.1
天　津	100.0	360.5
河　北	95.2	5197.4
山　西	95.3	2442.7
内蒙古	80.0	1836.1
辽　宁	78.4	2388.4
吉　林	63.4	1500.8
黑龙江	82.2	2094.9
上　海	100.0	36.1
江　苏	95.8	4646.5
浙　江	97.3	2990.8
安　徽	67.8	5013.1
福　建	85.3	1979.4
江　西	57.9	1564.5
山　东	90.9	7011.0
河　南	61.7	6452.1
湖　北	82.6	2785.3
湖　南	56.3	5195.3
广　东	73.8	5493.5
广　西	78.6	3915.2
海　南	78.5	405.5
重　庆	74.2	2023.3
四　川	57.1	6396.0
贵　州	83.4	3133.2
云　南	79.1	3474.3
西　藏	94.9	173.0
陕　西	96.3	2839.2
甘　肃	83.1	2012.0
青　海	80.8	379.6
宁　夏	93.0	420.3
新　疆	96.4	1130.5
新疆兵团	96.3	200.4

资料来源：水利部统计资料。

注：农村饮水安全人口以户籍人口为依据。

表 11.24 2014 年公共图书馆基本情况

地区	个数（个）	少儿文献（万册）	少儿阅览室坐席数（个）	少儿图书馆	
				个数（个）	总藏量（万册）
全国	**3117**	**6377.0**	**210662**	**108**	**3392.3**
北京	24	283.1	3987	4	98.3
天津	31	167.0	2463	11	249.0
河北	172	157.7	6956	1	24.0
山西	126	75.0	5105	1	11.6
内蒙古	116	71.9	5593	2	89.6
辽宁	129	355.0	7918	15	375.4
吉林	66	86.9	3897	4	512.1
黑龙江	107	83.2	5791	1	5.8
上海	25	263.4	4106	4	186.7
江苏	114	556.1	12291	9	157.2
浙江	98	634.4	13601	3	210.4
安徽	113	142.2	8039	8	35.8
福建	88	350.6	8961	6	204.4
江西	114	162.6	9305		
山东	153	330.9	11101	1	13.3
河南	157	143.2	11141	5	51.4
湖北	112	216.1	9498	4	148.5
湖南	136	249.0	9961	6	151.8
广东	138	1022.9	16920	4	560.8
广西	112	145.5	7623	3	93.4
海南	21	27.8	1350		
重庆	43	154.1	4963	2	123.5
四川	198	245.8	9545	2	10.5
贵州	95	69.9	4857	2	9.2
云南	151	105.0	7171	3	23.7
西藏	78	3.5	187		
陕西	114	75.8	5049	3	27.4
甘肃	103	60.0	4890	4	18.5
青海	49	22.9	600		
宁夏	26	43.7	2015		
新疆	107	72.1	5639		

资料来源：文化部统计资料.

注：公共图书馆个数及少儿阅览室坐席数总数中包括中央级图书馆数据。

表 11.25 2014 年全国文化馆、博物馆中未成年人基本情况

地区	文化馆		博物馆	
	个数（个）	为未成年人组织专场（次）	个数（个）	未成年人参观人次（万人次）
全国	**3315**	**16630**	**3658**	**20211.9**
北京	20	180	41	84.9
天津	19	111	22	310.4
河北	182	764	105	873.7
山西	131	591	99	246.5
内蒙古	118	436	75	254.2
辽宁	124	497	63	343.4
吉林	78	288	78	353.4
黑龙江	148	638	158	662.1
上海	26	159	103	534.6
江苏	116	1035	301	1884.7
浙江	102	823	187	1125.3
安徽	120	686	164	749.9
福建	98	485	98	813.2
江西	118	565	137	1060.0
山东	159	1506	243	1641.4
河南	205	1004	248	1412.6
湖北	120	477	174	862.3
湖南	142	703	109	1157.0
广东	147	1024	176	903.8
广西	123	627	106	384.3
海南	21	64	18	38.8
重庆	41	226	78	519.3
四川	207	969	206	1171.5
贵州	98	383	74	300.2
云南	148	544	86	616.3
西藏	82	86	4	1.5
陕西	122	350	238	737.4
甘肃	103	303	147	572.6
青海	55	226	22	24.6
宁夏	26	320	12	32.3
新疆	116	560	82	196.1

资料来源：文化部统计资料.

注：博物馆总数中包括中央级博物馆数据。

表 11.26 2014 年全国已办理残疾人证件人数及性别构成

地区	人数（人）	#女	性别构成（%）男	性别构成（%）女
全国	**29467418**	**11819180**	**59.9**	**40.1**
新疆兵团	63991	25378	60.3	39.7
黑龙江垦区	32169	11932	62.9	37.1
北京	273463	121066	55.7	44.3
天津	267815	111899	58.2	41.8
河北	1563544	622509	60.2	39.8
山西	831339	307126	63.1	36.9
内蒙古	723954	283635	60.8	39.2
辽宁	881323	326727	62.9	37.1
吉林	685186	258705	62.2	37.8
黑龙江	855368	315230	63.1	36.9
上海	393990	179906	54.3	45.7
江苏	1480935	653992	55.8	44.2
浙江	1052740	418637	60.2	39.8
安徽	1465244	617537	57.9	42.1
福建	950732	414712	56.4	43.6
江西	926953	356029	61.6	38.4
山东	1884307	721984	61.7	38.3
河南	1831672	719598	60.7	39.3
湖北	1180384	461569	60.9	39.1
湖南	1337723	493460	63.1	36.9
广东	1196786	474278	60.4	39.6
广西	1415636	623279	56.0	44.0
海南	144544	59177	59.1	40.9
重庆	781803	304570	61.0	39.0
四川	2265867	911018	59.8	40.2
贵州	972310	363861	62.6	37.4
云南	1133686	448122	60.5	39.5
西藏	75658	35764	52.7	47.3
陕西	1315507	569260	56.7	43.3
甘肃	666853	272022	59.2	40.8
青海	143295	59617	58.4	41.6
宁夏	218391	96962	55.6	44.4
新疆	454250	179619	60.5	39.5

资料来源：全国残疾人人口基础数据库。

附：主要统计指标解释

人均地区生产总值 指一个地区在一定时期内全部人口平均计算的地区生产总值，它可粗略地反映各个地区经济水平的高低。

城镇居民人均可支配收入 指被调查的城镇居民家庭全部收入中按家庭人口总数平均计算的能用于安排家庭日常生活的实际收入。

农村居民人均纯收入 指被调查的农村居民家庭总入中按家庭人口总数平均计算的实际收入。

恩格尔系数 指食品支出在现金消费支出中所占的比例。计算公式为：

恩格尔系数＝食品支出／现金消费支出 ×100%

国家财政性教育经费 指包括公共财政预算教育经费，各级政府征收用于教育的税费，企业办学中的企业拨款，校办产业和社会服务收入用于教育的经费，其他属于国家财政性教育经费。

卫生总费用 指一个国家或地区在一定时期内，为开展卫生服务活动从全社会筹集的卫生资源的货币总额，按来源法核算。它反映一定经济条件下，政府、社会和居民个人对卫生保健的重视程度和费用负担水平，以及卫生筹资模式的主要特征和卫生筹资的公平性合理性。

人口数 指一定时点、一定地区范围内有生命的个人总和。年度统计的年末人口数指每年 12 月 31 日 24 时的人口数。

出生率 指在一定时期内（通常为一年）一定地区的出生人数与同期内平均人数（或其中人数）之比，用千分率表示。计算公式为：

出生率＝年出生人数／年平均人数 ×1000‰

死亡率 指在一定时期内（通常为一年）一定地区的死亡人数与同期内平均人数（或其中人数）之比，用千分率表示。计算公式为：

死亡率＝年出生人数／年平均人数 ×1000‰

人口自然增长率 指在一定时期内（通常为一年）人口自然增加数（出生人数减死亡人数）与该时期内平均人数（或其中人数）之比，用千分率表示。计算公式为：

人口自然增长率＝（本年出生人数－本年死亡人数）／年平均人数 ×1000‰

＝人口出生率－人口死亡率

总人口性别比 总人口中男性与女性人口之比（以女性人口为 100）。

少儿抚养比 即少年儿童抚养比，也叫少年儿童抚养系数。指某一人口中少年儿童人口数与劳动年龄人口数之比。一般用百分比表示。以反映每 100 名劳动年龄人口要负担多少名少年儿童。计算公式为：

少儿抚养比＝0–14 岁人口数／15–64 岁人口数 ×100%

新生儿死亡率 指年内新生儿死亡数与活产数之比，一般以千分率表示。新生儿死亡数指出生至 28 天内（即 0–27 天）死亡人数。活产数指年内妊娠满 28 周及以上（如妊娠周不清楚，可参考出生体重达 1000g 及以上），娩出后有心跳、呼吸、脐带博动、随意肌收缩 4 项生命体征之一的新生儿数。

婴儿死亡率 指年内未满周岁死亡的婴儿数与活产数之比，一般以千分率表示。

5 岁以下儿童死亡率 指年内未满 5 岁儿童死亡人数与活产数之比，一般以千分率表示。

孕产妇死亡率 指年内每 10 万名孕产妇的死亡人数。孕产妇死亡指从妊娠开始至产后 42 天内，由于任何妊娠或妊娠处理有关的原因导致的死亡，但不包括意外原因死亡者。按国际通用计算方法，“孕产妇总数”以“活产数”代替计算。

新法接生率 指年内住院分娩和非住院分娩新法接生人数之和与活产数之比。一般用百分率表示。新法接生指产包、接生者的手、产妇的外阴部及婴儿脐带四消毒，并由医生、助产士和受过培训并取得“家庭接生人员合格证”的初级卫生人员或接生员接生。

非住院分娩中新法接生率 指某地区一定时期内，非住院分娩中新法接生人数占该时期非住院分娩产妇的比重。新法接生指产包、接生者的手、产妇的外阴部及婴儿脐带四消毒，并由医生、助产士和受过培训并取得“家庭接生人员合格证”的初级卫生人员或接生员接生，一般用百分率表示。

住院分娩率 指年内在取得助产技术资质乡的机构分娩的活产数与所有活产数之比，一般用百分率表示。

妇女病检查率 指年内实际进行妇女病人普查人数与 20–64 岁妇女数之比，一般用百分率表示。

查出妇女病率 指年内查出进行妇女病普查时查出的妇科病人患病人数与实查人数之比，一般用百分率表示。

孕产妇建卡率 指年内孕产妇中由保健人员建立的保健卡（册）人数与活产数之比，一般用百分率表示。

产前检查率 指某地区年内产前接受过一次及以上产前检查的产妇人数与活产数之比，一般用百分率表示。

产后访视率 指年内接受过一次及以上产后访视的产妇人数与活产数之比，一般用百分率表示。

孕产妇系统管理率 指年内孕产妇系统管理人数与活产数之比。一般用百分率表示。孕产妇系统管理人数指按系统管理程序要求，妊娠至产后 28 天内接受过早孕检查、至少 5 次产前检查、新法接生和产后访视的产妇人数。

低出生体重发生率 指某地区年内出生体重低于 2500 克的婴儿数与活产数之比，一般用百分率表示。

新生儿访视率 指接受 1 次及以上访视的新生儿人数与活产数之比，一般用百分率表示。

5 岁以下儿童中、重度营养不良比重 指某地区年内 5 岁以下儿童中，患中度和重度营养不良的儿童数与全部 5 岁以下儿童数之比，一般用百分率表示。

3 岁以下儿童系统管理率 指年内 3 岁以下儿童系统管理人数与当地 3 岁儿童数之比，一般用百分率表示。3 岁以下儿童系统管理是指 3 岁以下儿童按年龄接受生长监测或 4:2:1（城市）或 3:2:1（农村）体检检查（身高和体重）的人数。新生儿访视时的体检次数不包括在内。

7 岁以下儿童保健管理率 指 7 岁以下儿童保健覆盖人数与 7 岁以下儿童数之比，

一般用百分率表示。7 岁以下儿童保健覆盖人数指 7 岁以下儿童中当年实际接受 1 次及以上体格检查（身高和体重）的人数比。

0-6 个月婴儿纯母乳喂养率 指调查 6 个月以内婴儿中在调查前 24 小时内吃母乳的婴儿数，一般用百分率表示。纯母乳喂养指婴儿从母亲或乳母接受母乳喂养（包括挤出母乳喂养）。除了在服用维生素、矿物质或药物时用少许液体或糖浆外，未食用任何其他液体或固体食物。计算方法：

0-6 个月婴儿纯母乳喂养率 = 调查 6 个月内婴儿中在过去 24 小时内纯母乳喂养婴儿数 / 被调查的 6 个月内婴儿数 ×100%

卡介苗、脊灰疫苗、百白破疫苗、含麻疹成分疫苗、乙肝疫苗、甲肝疫苗、乙脑疫苗、流脑疫苗接种率 接种率指按照儿童免疫程序实际接种某疫苗人数占应接种人数的百分比。应接种人数指在某时间范围内，所辖地域范围内达到免疫程序规定应接受某疫苗接种的适龄儿童人数。实种人数指某时间段内，某地域范围内某种疫苗应种人数中实际接种人数。计算公式为：

单项疫苗接种率 = 单项疫苗实种人数 / 单项疫苗应接种人数 ×100%

婚前医学检查率 指年内进行婚前医学检查人数与应检查人数之比，一般用百分率表示。

已婚育龄妇女避孕率 指一定时期内（通常指一年）每一百名已婚育龄妇女人数中已采取避孕措施的人数。

避孕措施中男性避孕方法比例 男性避孕方法 （含男性绝育和避孕套）占所有避孕方法的百分比。

节育手术总例数 指年内放（取）宫内节育器、输卵（精）管绝育术、人工流产和放（取）皮下埋植的例数之和。

特殊教育 指独立设置的招收盲聋哑和残疾儿童，以及其他特殊需要的儿童，青少年进行普通或职业初中，中等教育的教学。

学前教育毛入园率 指学前教育在园（班）幼儿数占 3 ~ 5 岁年龄组人口数（个别地区为 4 ~ 6 岁年龄组人口数）的百分比。。

小学学龄儿童净入学率 指调查范围内已入小学学习的学龄儿童占校内外学龄儿童总数的比重。

初中阶段毛入学率 指初中阶段在校生总数占国家规定初中阶段年龄组人口数的百分比。

九年义务教育巩固率 指初中毕业班学生数占该年级入小学一年级时学生数的百分比。一般以百分比表示。根据教育部门有关统计资料推算。计算公式为：

九年义务教育巩固率 = 初中毕业班学生数 / 该年级入小学一年级人数 ×100%

高中阶段毛入学率 指高中阶段（包括普通高中、成人高中、中等职业学校）在校学生总数占 15-17 岁学龄组人口数的比重，一般以百分比表示。

高等教育毛入学率 指高等教育（包括国家承认学历的各类高等教育：研究生、普通高校本专科、成人高等本专科、高等学历文凭考试专科、网络教育本专科、自学考试本专科、军事院校本专科等）在校学生总数与 18-22 岁年龄组人口数的比重，一般以百分比表示。

平均受教育年限 指对一定时期、一定区域某一人口群体接受学历教育（包括成人学历教育，不包括各种学历培训）的年数总和的平均数。按照现行学制为受教育年数计算人均受教育年限，即大专以上文化程度按16年计算，高中12年，初中9年，小学6年，未上过学为0年。

未入学学龄残疾儿童人数 指截止到本年度12月31日，在省级人民政府依照《义务教育法》规定的入学年龄段内的，因各种原因未能入学的各类残疾儿童人数。

城镇登记失业人员 指有非农业户口，在一定的劳动年龄内（16周岁至退休年龄），有劳动能力，无业而要求就业，并在当地就业服务机构进行求职登记的人员。

城镇登记失业率 城镇登记失业人员与城镇单位就业人员（扣除使用的农村劳动力、聘用的离退休人员、港澳台及外方人员）、城镇单位中的不在岗职工、城镇私营业主、个体户主、城镇私营企业和个体就业人员、城镇登记失业人员之和的比。

城镇职工基本养老保险参保人数 指报告期末按照国家法律、法规和有关政策规定参加城镇基本养老保险，并在社保经办机构已建立缴费记录档案的职工人数（包括中断缴费但未终止养老保险关系的职工人数，不包括只登记未建立缴费纪录档案的人数）和离休、退休和退职人员的人数。

城镇职工基本医疗保险参保人数 指报告期末按国家有关法律、法规和有关政策规定参加城镇职工基本医疗保险，并在社会保险经办机构建立缴费记录档案的人数，包括参保职工和参保退休人员。

城乡居民社会养老保险参保人数 指报告期末，参加新农保、城居保或城乡居民养老保险（在经办机构参保登记并已建立缴费记录以及制度实施当年已经年满60周岁并在经办机构参保登记）的总人数（不包括参保缴费期间死亡人员和领取待遇期间死亡人员）。

新型农村社会养老保险参保人数（简称：新农保参保人数） 指报告期末按照《国务院关于开展新型农村社会养老保险试点的指导意见》（国发〔2009〕32号），参加新型农村社会养老保险的人数

失业保险参保人数 指报告期末按照国家法律、法规和有关政策规定参加了失业保险的城镇企业、事业单位的职工及地方政府规定参加了失业保险的其他人员的人数。

工伤保险参保人数 指报告期末依据国家有关规定参加工伤保险的职工人数和有雇工的个体工商户的雇工数。

生育保险参保人数 指报告期末依照有关规定参加生育保险的人数。

城镇居民最低生活保障人数 指报告期末在城镇建立居民最低生活保障制度的地区，得到当地政府给予最低生活保障的非农业人口数，包括"三无"对象和新增对象。

农村居民最低生活保障人数 指报告期末在建立农村居民最低生活保障制度的地区，得到当地政府给予最低生活保障的农业人口数。

提供住宿的社会服务机构数 能为老年人、残疾人、智障与精神病人、儿童等人员提供住宿的社会服务机构数。包括城市养老服务机构、农村养老服务机构、社会福利院、光荣院、荣誉军人康复医院、复员军人疗养院、军休所、社会福利医院、复退军人精神病院、儿童福利院、流浪儿童救助保护中心、生活无着人员救助管理站、军供站、其他收养机构。

儿童收养救助机构数 为儿童提供收养救助服务的机构数，包括儿童福利机构

和流浪儿童救助保护中心。

结婚率 指某地区报告期内（通常为一年）符合《婚姻法》要求，在民政部门登记并领取《结婚证》的人数占该地区报告期内平均人口的比值，一般以千分率表示。计算公式为：

结婚率 = 报告期内登记结婚人数 / 报告期内平均人口 ×1000‰

粗离婚率 指某地区当年离婚对数占该地区年内平均人口的比重，一般以千分率表示。计算方法为：

粗离婚率 = 报告期内离婚宗数 / 报告期内平均人口 ×1000‰

村（居）民委员会成员中女性比重 指女性村（居）民委员会成员占全部村（居）民委员会成员的比重，一般以百分比表示。包括主任、副主任和委员（专职人员和兼职人员）。

基层组织中持有证书的专业社会工作者人数 指在基层群众自治组织中的职工参加全国统一助理社会工作师、社会工作师职业水平考试合格，并获得由人事部统一印制、人事部和民政部共同用印的《中华人民共和国社会工作者职业水平证书》的人员人数。

残疾儿童接受康复训练与服务人数 指某地区年内，残疾儿童接受康复训练和服务的人数。康复训练和服务内容包括：新收训聋儿／在训聋儿、脑瘫儿童系统康复训练、肢体残疾儿童社区和家庭康复训练、贫困肢体残疾儿童矫治手术、智力残疾儿童系统康复训练、智力残疾儿童社区和家庭康复训练、孤独症儿童康复训练。

企业董（监）事会中女职工董（监）事占职工董（监）事的比重 指企业董（监）事会中女职工董（监）事占全部职工董（监）事的比重，一般以百分比表示。职工董（监）事是指依照法律规定，通过职工代表大会（或职工大会）民主选举产生，进入公司董（监）事会，代表职工行使决策和监督权利的职工代表。该指标是反映女性职工参与企业生产经营管理情况的重要指标。

执行了《女职工劳动保护特别规定》的企业比重 指在被调查的企业中执行了女职工"四期劳动保护"和女职工禁忌从事劳动范围规定的企业数占被调查企业总数的比重，一般以百分比表示。女职工包括所有从事体力劳动和脑力劳动的已婚、未婚的女性职工。女职工"四期劳动保护"是指《劳动法》和《女职工劳动保护特别规定》中对女职工经期、孕期、产期、哺乳期有关劳动权利、劳动强度和享受待遇等各项规定。女职工禁忌从事的劳动范围是指《女职工劳动保护特别规定》附录中的各项明确规定。

专业技术人员 指报告期内在专业技术岗位工作的或在管理岗位上工作具有专业技术职务（资格）的人员总数。

公有经济企事业单位专业技术人员 指在公有经济企事业单位专业技术岗位工作的，或在管理岗位上工作、具有专业技术职务（资格）的人员。公有经济企事业单位包括国有和集体两部分。

专业技术职务分类 包括以下四类：

1. 高级职务 指高级工程师、农业推广研究员，高级农艺师，研究员、副研究员，主任医师、副主任医师，高等院校教授、副教授、中专（中技）学校高级讲师、中学高级教师，高级经济师，高级会计师，高级统计师，译审、副译审，研究馆员、副研究馆员，编审、副编审，高级记者、主任记者，一级、二级律师，一级、二级公证员，播音指导、主任播音员，高级工艺美术师，国家级教练、高级教练，一级、二级艺术人员，高级政工师。

2. 正高级职务　指农业推广研究员，研究员，主任医师，高等院校教授，译审，研究馆员，编审、高级记者，一级律师、一级公证员，播音指导，国家级教练，一级艺术人员。

3. 中级职务　指工程师，农艺师，助理研究员，主治医师，高等院校讲师、中专（中技）学校讲师、中学一级教师、小学高级教师，经济师，会计师，统计师，翻译，馆员，编辑记者、一级校对，三级律师、三级公证员，一级播音员，工艺美术师，一级教练，三级艺术人员，政工师。

4. 初级职务　指助理工程师、技术员，助理农艺师、技术员，研究实习员、实验员，医（护）师（士），助教，助理经济师、经济员，助理会计师、会计员，助理统计师、统计员，助理翻译，助理馆员、管理员，助理编辑记者、二、三级核对，四级律师、公证员助理，二、三级播音员，助理工艺美术师、美术员，二、三级教练，四级艺术人员，助理政工师、政工员。

专业技术类别　指在中央职称改革工作领导小组批转的二十九个专业技术职务试行条例和中共中央办公厅、国务院办公厅关于转发《企业思想政治工作人员专业职务试行条例》的基础上，将事业、企业单位的专业技术人员归并为：工程技术人员（含民航飞行技术人员、船舶技术人员），农业技术人员，科学研究人员（含自然科学研究、社会科学研究及实验技术人员），卫生技术人员，教学人员（含高等院校、中等专业学校、技工学校、中学、小学），经济人员，会计人员，统计人员，翻译人员，图书、档案、文博人员，新闻、出版人员，律师、公证人员，播音人员，工艺美术人员，体育人员，艺术人员及政工人员，共十七个专业技术职务类别。

研究与试验发展　即R&D，指在科学技术领域，为增加知识总量、以及运用这些知识去创造新的应用而进行的系统的、创造性的活动，包括基础研究、应用研究、试验发展三类活动。国际上通常采用R&D活动的规模和强度指标反映一国的科技实力和核心竞争力。

学会理事会理事　指经会员代表大会选举产生的学会理事，包括全国学会和省级学会。

破获强奸案件数　指某地区一定时间（通常为一年）内，公安机关破获的强奸案件数。强奸案件指违背妇女意愿，使用暴力、胁迫或者其他手段，强行与妇女发生性交的案件。

破获拐卖妇女／儿童案件数　指某地区一定时间（通常为一年）内，公安机关破获拐卖妇女／儿童案件数。拐卖妇女／儿童案件指以盈利为目的，拐骗、收买、贩卖、接送、中转卖妇女／儿童的案件。

破获组织、强迫、引诱、容留、介绍妇女卖淫案件数　指某地区一定时间（通常为一年）内，公安机关破获组织、强迫、引诱、容留、介绍妇女卖淫案件的起数。组织、强迫、引诱、容留、介绍妇女卖淫案件指以各种手段，组织、强迫、引诱、容留介绍妇女卖淫的案件。

刑事犯罪受害人构成　指某地区一定时间（通常为一年）内，遭受刑事犯罪直接受害的人中男女各占全部直接受害人的比例。一般用百分比表示。

青少年作案成员占全部作案人员的比重 指某地区一定时间（通常为一年）内，在公安机关抓获的全部刑事案件作案成员中，14–25 岁作案成员所占的比重。

建立少年法庭数 指人民法院为维护未成年人合法权益，矫正、预防未成年人犯罪，建立的少年法庭。包括审理未成年人刑事案件、民事案件的合议庭和少年审判庭。

公共图书馆少儿阅览室坐席数 指公共图书馆中专门提供给少年儿童使用的座位数。

少儿图书馆总藏量 指少儿图书馆中已编目的图书、期刊和报纸的合订本、小册子、手稿，以及缩微制品、录像带、录音带、光盘等试听文献资料的数量之和。

少儿图书馆数 为 18 岁以下少年儿童提供服务的图书馆数量。

文化馆组织未成年人活动专场 指本馆或与外机构联合专门为 18 岁以下少年儿童、家长和少儿工作者举办的各种文艺演出活动专场次数。

未成年人参观博物馆人次 指接待有组织的集体参观人次与零散观众中能够确切统计的未成年人参观人次的总和。

农村改水累计受益率 指农村改善饮用水的品质，改善供水方式，如管道式集中供水工作自来水）、分散式供水（手压机井、改良大口井）的累计受益人口占农村人口总数的比重，一般以百分比表示。

农村卫生厕所普及率 指使用各种类型卫生厕所的农户数占农村总户数的百分比。其中，农村卫生厕所包括三格化粪池式、双瓮漏斗式、三联沼气池式、粪尿分集式、完整下水道水冲式和其它类型的厕所以及粪便及时清理并进行高温堆肥无害化处理的非水冲式厕所。农村总户数指县城以下农村农户总数。

城市污水处理率 指城市污水处理量与城市污水排放总量的比率，一般以百分比表示。

城市生活垃圾无害化处理率 指报告期生活垃圾无害化处理量与生活垃圾产生量的比率，一般以百分比表示。在统计上，由于生活垃圾产生量不易取得，一般用清运量代替。

农村集中式供水受益人口比例 指农村集中式供水人口与农村人口的比例。集中式供水指自水源中取水，通过输配水管网送到用户或者公共取水点的供水方式，包括自建设施供水。为用户提供日常饮用水的供水站和为公共场所、居民社区提供的分质供水也属于集中式供水。农村集中式供水人口统计范围为集中供水人口大于等于 20 人，且有输配水管网的农村供水工程受益人口。农村人口指乡镇（不含县城城区）、村庄、国有农场和林场，以及新疆生产建设兵团的团场和连队的农业户籍人口，包括经常在家或一年内在家居住 6 个月以上，而且经济和生活与本户连成一体的人口。